세상에 대하여
우리가
더잘 알아야 할
교양

53

지은이 소개

지은이 국기연

고려대학교 영어영문학과 졸업 후에 《한국일보》에 입사해 영자 신문 《코리아타임스》 정치부에서 기자 생활을 시작했습니다. 그 후 《세계일보》로 신문사를 옮겨 정치부 소속으로 국회, 정당, 총리실, 외교부, 통일부 출입 기자를 거쳐 1997년부터 현재까지 워싱턴 특파원으로 근무하고 있습니다. 주요 출입처는 백악관, 미 의회, 국무부, 국방부, 미 무역대표부(USTR) 등입니다.

한국기자협회가 발행하는 《기자협회보》에 〈글로벌 리포트〉를 고정적으로 연재하고 있으며 《헌정》《월간조선》《정경뉴스》 등에 기고하고 있습니다. 방송으로는 〈MBC 라디오〉〈MBN〉〈TV조선〉 등에 출연해 왔습니다. 저서로는 《칼럼, 칼럼니스트》(한국언론재단 발행, 공저)가 있습니다.

세 상에 대하여
우리가
더 잘 알아야 할
교양

국기연 지음

53

핵전쟁

어떻게 막아야 할까?

내인생의책

차례

들어가며: 북한의 핵과 미사일, 우리는 어떡해요? - 6

1. 판도라의 상자를 연 인류 - 11

2. 세계의 핵무기 보유국 - 27

3. 생존을 위한 몸부림, 북한의 핵무기 개발 - 47

4. 국제 사회와 북한의 숨바꼭질 - 61

5. 핵미사일 강국으로 떠오른 북한 - 79

6. 한국의 핵 개발과 주한 미군의 핵무기 - 95

용어 설명 - 111
연표 - 115
더 알아보기 - 119
찾아보기 - 122

※ 본문의 **굵은 글씨**로 표시된 단어는 111페이지 용어 설명에서 찾아보세요.

들어가며 : 북한의 핵과 미사일, 우리는 어떡해요?

제2차 세계 대전(1939~1945)이 막바지로 치닫던 1945년 8월 6일, '에놀라 게이(Enola Gay)'라는 이름의 미군 소속 B-29 폭격기가 일본 히로시마에 세계 최초로 원자 폭탄을 떨어뜨렸습니다. 이 폭탄의 별명은 '리틀 보이(Little Boy)'였어요. 폭격의 결과 히로시마에서만 4개월 사이에 9만~16만 6,000명(미국 아토믹 헤리티지 재단 추산)이 사망했고, 수만 명이 방사능에 노출되어 나중에 죽거나 평생을 환자로 살아야 했어요. 그로부터 3일 뒤인 8월 9일 두 번째 B-29 폭격기가 나가사키에 원자 폭탄을 떨어뜨렸습니다. 이 폭탄의 별명은 '팻 맨(Fat Man)'이었어요. 나가사키에서도 1945년 말까지 약 8만 명가량이 죽었습니다. 히로히토 일본 국왕(1901~1989)은 그해 8월 15일에 라디오로 항복 연설을 읊어야 했습니다. 그리고 기나긴 제2차 세계 대전이 막을 내렸지요.

그로부터 70여 년 뒤인 2017년 9월 3일, 북한이 6차 핵실험을 했습니다. 북한은 원자 폭탄보다 폭발력이 수십 배에서 수백 배에 이르는 수소 폭탄을 실험했다고 발표했어요. 한국과 미국의 전문가들은 처음에는 수소 폭탄이 아닐 것으로 단정했다가 나중에 북한의 발표가 맞다고 번복했지요. 만약 이 수소 폭탄이 서울 한복판에 떨어지면 어떻게 될까요? 군사 전문가들은 36만 명가량이 현장에서 즉사하고, 200만 명 이상이 방사성 물질의 피해를 볼 것이라고 분석했습니다.

미국이 일본의 히로시마와 나가사키에 원자 폭탄 공격을 할 때는 폭격기에 핵폭탄을 싣고 날아가서 그 도시 상공에 핵폭탄을 떨어뜨렸습니다. 이제는 꼭 그렇게 할 필요도 없어요. 미사일이 있기 때문이지요. 핵폭탄을 작게 만들어 미사일 끝에 매달아 놓은 뒤 미사일 발사 버튼을 누르기만 하면 되지요. 미사일은 비행 거리에 따라 단거리, 중거리, 장거리 미사일이 있

▌ 일본 히로시마와 나가사키에 떨어진 원자 폭탄의 위력은 재래식 무기에 견줄 수 없을 만큼 상당한 것이었다.

▮ 미국이 일본의 히로시마와 나가사키에 원자 폭탄을 떨어뜨릴 때는 폭격기에 핵폭탄을 싣고 날아가서 그 도시 상공에 핵폭탄을 떨어뜨렸다. 하지만 이제는 꼭 그렇게 할 필요가 없어졌다. 왜냐하면 대륙간탄도미사일(ICBM)이 개발되었기 때문이다.

습니다. 이보다 더 멀리 날아가는 중장거리미사일(IRBM)과 대륙간탄도미사일(ICBM)도 있지요. 북한은 대륙간탄도미사일을 뺀 나머지 미사일을 이미 오래전에 개발했지요.

2017년 7월 4일과 7월 28일, 북한은 대륙간탄도미사일, 즉 ICBM의 발사 시험에 성공했습니다. 이 ICBM은 아시아 대륙을 넘어 아메리카 대륙에 있는 목표물을 타격할 수 있습니다. 이제 북한은 미국의 샌프란시스코, 로스앤젤레스, 워싱턴 D. C, 뉴욕 등을 핵폭탄 사정거리에 둔 셈이지요. 이로써 미국 사람들이 북한의 무기 개발에 경악을 금할 수 없게 되었습니다. 더구나 북한은 미국을 공격하기 위해 무기를 개발하고 있다고 노골적으로 밝혔어요.

그렇다면 북한의 목표가 세계 초강대국인 미국과 전쟁을 해서 이기는 것일까요? 그렇지는 않습니다. 북한은 일단 생존을 위해 핵무기를 보유하려고 한다는 게 국제 사회의 대체적인 분석입니다. 핵무기를 가지고 있으면 다른 나라(특히 미국)가 북한을 공격하기 어려울 것이라고 생각하는 것이지요. 어쩌면 핵무기를 가지고 있으면 적화 통일을 완수할 수 있다고 생각하고 있는지도 모릅니다.

그러면 당장 한국도 핵무기를 만들어야 하지 않겠느냐는 여론이 형성될 수 있습니다. 그러나 한국이 핵무기를 만들면 미국이나 일본 등 세계 여러 나라가 한국에도 북한처럼 경제 제재를 하려 들 것입니다.

한국과 북한이 모두 핵무기를 가지고 있다면 한반도에서 핵전쟁이 일어날 가능성이 훨씬 높아지겠죠. 남한과 북한에 모두 핵폭탄이 떨어진다고 생각해 보세요. 상상하기도 힘든 끔찍한 대참사가 우리 민족에게 발생할 것입니다. 그래도 한국이 핵무기를 직접 제작하거나, 미국의 핵무기를 한국에 가져다 놓아야 할까요? 아니면 북한이 핵무기를 가지고 있는 현실을 그대로 받아들이고 앞으로도 위협을 받으면서 살아야 할까요? 이 복잡하고 심각한 문제를 어떻게 풀어야 할까요? 다 함께 고민해 봅시다.

1

CHAPTER

판도라의 상자를 연 인류

핵무기는 제2차 세계 대전 당시 미국이 일본의 히로시마와 나가사키에 사용한 적을 제외하고는 한 번도 실제로 전쟁에서 사용되지 않았습니다. 그러나 인류는 단 한 번의 핵무기 사용을 통해 핵무기가 얼마나 강력한 위력을 가진 무기인지 잘 알게 되었습니다. 핵무기는 자국을 안전하게 보호할 수 있는 최상의 무기일까요, 아니면 전 세계에 파멸을 가져올 공포의 무기일까요?

1939년

10월 유럽에서 제2차 세계 대전이 발발했습니다. 당시 미국의 대통령은 프랭클린 루스벨트(Franklin D. Roosevelt)였어요. 루스벨트에게 한 통의 편지가 날아왔지요. 편지를 보낸 사람은 독일에서 태어난 알베르트 아인슈타인(Albert Einstein)과 그의 친구인 헝가리 출신 물리학자 레오 질라드(Leo Szilard)였습니다. 두 과학자는 나치 독일을 피해 미국으로 **망명**한 상태였지요. 편지를 쓴 사람은 질라드였고, 아인슈타인은 친구의 권유로 이 편지에 사인을 했습니다.

이 편지에는 아돌프 히틀러가 이끄는 독일과의 전쟁에서 승리하려면 미국이 독일보다 먼저 원자 폭탄을 만들어야 한다는 내용이 들어 있었습니다. 아인슈타인과 질라드는 독일의 과학자들이 이미 원자 폭탄 개발에 들어갔다고 생각하고 있었어요. 하지만 실제로는 독일의 과학자 오토 한(Otto Hahn), 베르너 하이젠베르크(Werner Karl Heisenberg)가 원자 폭탄을 개발하려고 했지만, 독일 정부가 이를 승인하지 않았습니다.

아인슈타인과 질라드는 히틀러가 먼저 원자 폭탄을 손에 넣으면 연합국을 짓밟고, 세계를 정복할 수 있을 것이라고 생각했어요. 아인슈타인과 질라드는 이 악몽 같은 시나리오가 현실화되는 것을 막고 싶었지요. 미국의 루스벨트 대통령은 드디어 원자 폭탄 개발을 승인했어요.

미국과 영국은 이때부터 '맨해튼 프로젝트(Manhattan Project)'라고 불리는 극비 원자 폭탄 개발 작업에 착수했습니다. 미국과 영국은 수천 명의 과학자와 엔지니어 및 20만 명가량의 지원 인력을 투입해 약 4년 반 만에 원자 폭탄을 만들어 냈지요(노벨상 선정위원회 웹사이트 Nobelprize.org 참조). 이 원자 폭탄 개발을 총괄한 사람은 미국의 유대인 핵물리학자 로버트 오펜하이머(Robert Oppenheimer)입니다.

1945년 7월 16일 미국 뉴멕시코주 알모고르도 사막(Almogordo Desert)의 로스앨러모스, 이곳에서 세계 최초로 원자 폭탄 실험이 이루어졌습니다. 이 실험을 지켜본 과학자와 일반인들은 원자 폭탄의 가공할 만한 폭발력에 모두 기절할 뻔했습니다. 오펜하이머는 그 순간에 이렇게 한탄했다고 합니다.

"내가 세계를 산산조각 내고 있구나!"

오펜하이머는 '현대의 프로메테우스'로 불립니다. 프로메테우스는 그리스 신화에 등장하는 인물로 제우스로부터 불을 훔쳐 인간에게 전해 주었지요. 현대 사회에서 '프로메테우스의 불'에 해당하는 것은 무엇일까요? 그것은 원자 폭탄이나 수소 폭탄일 것입니다. 오펜하이머는 세계 최초로 원자 폭탄을

생각해 보기

원자 폭탄을 만든 '죽음의 과학자들'이 인류에게 병도 주고, 약도 준 꼴이에요. 이 과학자들의 두 얼굴을 어떻게 이해해야 할까요?

만들어 세계를 핵무기의 공포로 몰아넣은 장본인이기도 합니다. 하지만 그가 원자 폭탄을 만들었기에 제2차 세계 대전에서 미국이 승리하고 독일과 일본의 세계 정복을 막을 수 있었어요. 한국도 원자 폭탄을 맞은 일본의 항복으로 일본의 지배에서 벗어나 독립을 할 수 있었습니다. 하지만 이제 북한이 한국을 핵무기로 위협하고 있어요.

아인슈타인과 핵무기 반대 운동

원자 폭탄은 아인슈타인의 질량–에너지 등가 법칙을 근거로 만들었어요. 하지만 앞에서 말했듯 아인슈타인이 핵무기를 직접 개발한 과학자는 아닙니다. 아인슈타인은 '핵무기의 아버지'로 불리는 오펜하이머가 만든 원자 폭탄의 첫 번째 실험 현장에 가서 핵폭발 과정을 지켜보았습니다. 아인슈타인은 그때 "내가 이 일을 미리 알았더라면 1905년에 만든 공식을 찢어 버렸을 것"이라며 후회했다고 해요. 그리고 아인슈타인은 죽을 때까지 핵무기 반대 운동을 벌였습니다. 그는 인류를 핵전쟁의 공포로 몰아넣었던 죄를 조금이라도 사죄하고 싶었던 게 아닐까요?

아인슈타인의 유명한 친구 중에 영국의 철학자 버트런드 러셀(Bertrand Russell)이 있습니다. 두 사람은 1952년부터 미국과 옛 소련이 핵무기 개발 경쟁을 하는 것을 걱정스러운 눈으로 지켜보고 있었어요. 미국의 드와이트 아이젠하워(Dwight Eisenhower) 대통령이 1954년에 베트남과 전쟁을 하던 프랑스에 수소 폭탄을 넘겨주려 했다는 사실도 알려졌지요. 러셀은 1955년 7월 9일 영국의 런던에서 기자 회견을 열었습니다. 러셀은 여기서 '핵무기 없는 세계와 분쟁의 평화적 해결을 호소하는 선언문'을 발표했어요. 이 선언문에 아인

핵겨울(Nuclear Winter)

미국의 천문학자 칼 세이건(Carl Sagan) 등이 1983년에 제기한 이론이다. 즉 핵전쟁이 나면 지구에 중대한 환경 변화가 일어나 빙하기가 나타날 수 있다는 주장이다. 대규모 핵전쟁으로 산이나 도시에 대형 화재가 발생하고, 이로 인해 매연과 먼지가 대기권에 가득 차면 태양의 방사 에너지를 산란해서 흡수하기 때문에 지표면에 도달하는 에너지가 크게 줄어들 수 있다. 그 결과, 지표면의 온도가 떨어질 수 있다는 이론이다.

슈타인을 비롯해 노벨상을 받은 유명 과학자 아홉 명이 지지하는 사인을 했습니다.

러셀-아인슈타인 선언문의 효과는 그로부터 2년 뒤에 나타났어요. 1957년 7월에 10개국 22명의 과학자가 캐나다 퍼그워시에서 모임을 갖고, 핵실험에 따르는 **방사능 낙진**의 위험을 인류에게 경고했습니다. 이 과학자들은 각국 정부에 더는 핵무기를 만들지 말고, 이미 만든 핵무기도 줄여 나가자고 호소했어요. 이 모임을 시작으로 국제반핵평화단체인 '퍼그워시 회의'가 본격적으로 활동에 들어갔습니다. 퍼그워시 회의는 매년 한두 차례 모임을 갖고, 반전 반핵 운동을 전개했지요. 그 영향으로 핵확산금지조약(NPT), 포괄적 핵실험금지조약(CTBT) 등이 만들어져, 인류는 핵무기를 더 만들지 않는 쪽으로 방향을 잡아갔고, 기존의 핵무기도 폐기해 나갔습니다. 퍼그워시 회의는 이같은 성과를 인정받아, 1995년에 노벨 평화상을 받았어요.

아인슈타인은 핵무기 이론을 만들었지만, 앞에서 언급했듯이 핵무기를 없

▌ 핵전쟁이 일어나면 지구에 중대한 환경 변화가 일어나 핵겨울이라는 빙하기가 나타날 수
있다.

애는 일에 앞장섰어요. 그의 삶을 통해 제기되는 문제가 '과학의 **가치 중립
성**'이라는 것입니다.

이 말은 과학은 그 자체로 좋은 것도, 나쁜 것도 아니라는 뜻입니다. 과

생각해 보기

아인슈타인과 핵무기의 관계를 생각해 보면서 과학이 과연 기계적인 중립성을 유
지할 수 있을지 고민해 봅시다.

학적 발견이나 기술을 좋은 일에 쓰는지, 아니면 나쁜 목적으로 이용하는지 그것은 어디까지나 인간에게 달린 문제라는 것이지요.

현대의 프로메테우스, 오펜하이머

핵무기 개발을 주도한 오펜하이머는 그리스 신화에 나오는 프로메테우스를 닮았습니다. 그리스 신화에 따르면 그리스 신전에서 제우스와 같은 신이 사용하던 불을 프로메테우스가 훔쳐서 인간에게 건넸다고 합니다. 인간은 그 덕분에 문명의 세계로 나갈 수 있었어요.

오펜하이머도 원자 폭탄을 개발해 이것을 일본에 떨어뜨림으로써 일본

▌ 오펜하이머는 그리스 신화에 등장하는 프로메테우스처럼 인류에게 원자 폭탄을 선사한 인물이다. 하지만 원자 폭탄의 개발로 인류가 핵전쟁의 공포 속에 지내야 한다는 생각 때문에 평생 죄책감 속에서 살아야 했다.

의 항복을 받아 낸 공을 세웠기 때문에 미국인의 존경을 한 몸에 받으며 행복하게 살았을까요? 오펜하이머는 원자 폭탄이 일본의 히로시마와 나가사키에 떨어져 수십만 명이 참혹하게 불에 타죽는 것을 보고 나서 핵무기 개발을 반대하는 입장으로 돌아섰습니다. 오펜하이머는 미국과 옛 소련 등 세계 각국이 핵무기 개발 경쟁을 하고, 핵전쟁을 하면 인류가 멸망의 길로 들어설 수밖에 없다고 주장했어요.

오펜하이머가 미국에서 핵무기 반대 운동을 벌이자 당시 미 정부는 그를 옛 소련의 스파이라고 몰아붙였어요. 옛 소련의 **지령**을 받아 핵무기 개발 반대 운동이라는 형식을 빌려 미국의 핵무기 개발을 방해한다고 올가미를 뒤집어씌운 것이지요. 결국 오펜하이머는 미국의 영웅이 아니라 배신자로 몰려 심적 고통을 당하다가 암에 걸려 사망했습니다.

프로메테우스는 인간 사회에 불을 가져와 문명의 발달과 죄악을 동시에

집중탐구 핵폭탄이 터지면 어떻게 되나?

핵폭탄은 재래식 폭탄보다 폭발력이 수천 배에서 수백만 배나 크다. 핵폭탄과 재래식 폭탄 모두 폭발력과 충격파를 이용하는 무기다. 핵폭발은 폭발 에너지 50%, 열에너지 35%, 방사능 에너지 15%로 구성돼 있다. 원자 폭탄이든 수소 폭탄이든 핵폭탄이 터지면 즉각적인 효과와 장기적인 효과가 동시에 나타난다. 핵폭발 몇 초 또는 몇 분 이내에 사람과 동물, 식물, 건물 등이 잿더미로 변한다. 또한 방사능 낙진으로 인해 피해 범위가 커지면서 그 영향이 몇 년에서 몇십 년 동안 사라지지 않는다.

안겨 주었지요. 오펜하이머는 핵무기를 개발해 나치 독일과 일본의 제국주의로부터 세계를 구해 냈지만, 핵무기는 지금 인류의 생존을 위협하고 있습니다. 이처럼 과학의 발전에는 항상 윤리적인 책임이 뒤따르게 마련입니다.

축복과 재앙의 두 얼굴, 우라늄과 플루토늄

원자 폭탄이나 수소 폭탄 같은 핵폭탄은 아인슈타인이 제시한 '물체가 쪼개지면 에너지가 발생한다.'는 이론을 이용해 만들어졌습니다. 아인슈타인이 제시한 'E(에너지) = m(질량) × c(빛의 속도, 299,792,485미터/초) 제곱'이라는 공식에 대입하면 물체가 쪼개질 때 어느 정도의 에너지가 나오는지 알 수 있습니다. 특히 1938년에 '핵분열 반응'이 발견되자 아인슈타인의 상대성 이론은 핵폭탄 제조에 결정적인 역할을 하게 됩니다.

아인슈타인은 1939년 당시에는 그렇게 많은 핵폭탄이 만들어질 줄 몰랐다고 합니다. 왜냐하면 핵폭탄의 원료로 사용되는 '우라늄 235'는 천연 우라늄 광석에 겨우 0.7%만 있기 때문입니다. 이 우라늄 235를 모으기가 절대 쉽지 않을 것이라는 게 아인슈타인의 판단이었죠. 그러나 우라늄이 아니라 플루토늄을 이용한 핵폭탄 개발법이 새로 나왔습니다.

플루토늄은 천연 우라늄 광석의 0.7%에 해당하는 우라늄 235를 뺀 나머지 99.3%의 '우라늄 238'을 이용해서 만듭니다. 우라늄 238을 원자로에 넣고 뜨겁게 가열하면 '플루토늄 239'가 만들어지고, 이것을 이용해 핵폭탄을 만들 수 있어요. 실제로 히로시마에 떨어진 원자 폭탄은 우라늄으로 만들었고, 나가사키에 떨어진 원자 폭탄은 플루토늄으로 만들었습니다.

그렇다면 우라늄과 플루토늄으로 만든 원자 폭탄 중에서 어느 것이 우리

▮ 원전 사고가 벌어진 일본 후쿠시마 지역은 외형적인 피해뿐만 아니라 방사능 오염 지역으로서 생태계 파괴가 심각하여 그 피해의 정도를 가늠할 수조차 없다.

인간에게 더 나쁠까요? 바로 플루토늄 원자 폭탄입니다. 우라늄 238보다는 플루토늄 239의 방사능이 사람과 생명체에 더 치명적인 피해를 주기 때문입니다. 환경을 파괴하는 방사성 물질 피해도 우라늄 238보다 플루토늄 239가 훨씬 더 오래갑니다.

> ### 생각해 보기
>
> 핵분열 반응 같은 과학 발전의 결과가 인간에게 불행을 가져다 주지 않도록 하려면 어떤 안전장치가 필요할까요?

핵분열 반응의 발견은 인간에게 원자 폭탄이라는 '재앙'과 원자력 발전이라는 '축복'을 동시에 안겨 주었습니다. 원자력 발전은 핵분열로 생성된 에너지를 이용해 물을 끓여서 증기를 만들고, 이 증기로 터빈을 돌려 발전을 하는 것이죠.

'미니 태양' 수소 폭탄의 등장

핵폭탄에는 원자 폭탄과 수소 폭탄 등 두 종류가 있습니다. 원자 폭탄을 만드는 데 성공한 인류는 이보다 파괴력이 수십 배에서 수백 배에 이르는 무시무시한 수소 폭탄 개발에 나섰어요. 원자 폭탄은 **우라늄**과 **플루토늄** 같은 핵물질의 핵분열 과정에서 발생하는 에너지를 이용합니다. 하지만 수소 폭

▌ 유엔 안전보장이사회는 국제 평화와 안전 유지에 대한 제1차적 책임을 지는 국제 연합의 주요 기구다.

탄은 원자 폭탄의 핵분열에 수소 원자들의 핵융합 반응을 보태어 파괴력을 최대한으로 키운 것입니다.

원자 폭탄을 터뜨리면 우라늄이나 플루토늄이 인공적으로 핵분열을 일으켜 엄청난 양의 에너지가 발생합니다. 이 에너지가 빛이나 열로 바뀌지요. 이때 온도는 수천 도에서 수만 도까지 올라갑니다. 원자력 발전은 이 핵분열 과정을 천천히 진행되도록 조절함으로써 우리가 일상생활에서 사용할 전기를 만들 수 있도록 한 것이죠. 핵융합은 태양이 빛과 열을 내는 원리와 같아요. 수소 폭탄이 이런 이유로 '미니 태양(mini-sun)'으로 불리기도 하는 것이랍니다.

원자 폭탄의 위력은 킬로톤(kt, 1kt은 TNT 1,000t의 폭발력에 해당한다) 단위이지만, 수소 폭탄은 100kt을 넘을 수 있고, Mt(메가톤, 1Mt은 TNT 100만 t) 단위에 이르기도 합니다. 미국이 1954년 태평양 산호초 섬에서 실시한 수소 폭탄은 그 폭발력이 나가사키에 떨어뜨린 원자 폭탄(21kt)의 700배에 달했습니다.

수소 폭탄을 가지고 있는 나라는 미국, 러시아, 중국, 영국, 프랑스 등 유엔 안보리 5개 상임 이사국들입니다. 인도, 파키스탄, 이스라엘은 수소 폭탄 실험을 공개적으로 한 적은 없어요. 그렇지만 수소 폭탄을 가지고 있을 가

생각해 보기

수소 폭탄의 폭발력은 끝없이 증가시킬 수 있습니다. 세계의 여러 나라들이 상대 원자 폭탄 보유국과의 경쟁에서 이기기 위해 더 큰 폭발력을 가진 수소 폭탄 만들기 경쟁으로 나아간다면 지구촌에 어떤 일이 벌어질까요?

능성이 있다고 해요. 북한은 아홉 번째 핵무기 보유국이고, 수소 폭탄을 공식적으로 실험한 여섯 번째 국가입니다.

전략 핵무기와 전술 핵무기의 등장

전략과 전술이라는 개념은 군사 분야와 비군사 분야에서 모두 **통용**되는 개념입니다. 일반적으로 전략이란 목표를 정해 놓고, 그것을 달성하는 데 필요한 큰 틀을 잡는 것을 말하지요. 이에 비해 전술은 전략이라는 목표 달성을 위해 세부적인 일에 대처하는 것을 말합니다. 다시 말해, 전략은 무엇을 할 것인가의 문제이고, 전술은 어떻게 할 것인가의 문제라고 할 수 있죠.

군사 분야에서 전략이 전쟁의 승리를 위한 큰 목표를 달성하는 것이라면 전술은 개개의 전투에서 이기기 위한 작전에 해당합니다. 이 전략과 전술을 실제로 시행하려면 무기가 필요하겠죠. 이 무기를 전략 무기와 전술 무기로 각각 구분할 수 있습니다.

전략 무기는 전쟁을 일찍 끝내거나 상대국의 전쟁 의지를 꺾고 적의 핵심

알아두기

핵폭발의 종류

1. 고공 폭발 : 지표면에서 33km 이상 떨어진 공중에서 핵폭발이 일어난다.
2. 공중 폭발 : 지표면과 33km 아래 사이의 공중에서 일어난다.
3. 표면 폭발 : 핵폭발이 지면이나 수면에서 일어난다.
4. 표면 하 폭발 : 핵폭발이 지하 또는 물속 깊은 곳에서 발생한다.

군사기지 파괴 또는 수도를 점령하는 데 사용할 수 있을 정도의 엄청난 파괴력을 가진 무기입니다. 전술 무기는 개별적인 전투 현장에서 승리하려고 사용하는 무기로, 전략 무기보다 위력이 약합니다.

핵무기도 전략 핵무기와 전술 핵무기로 나닙니다. 전략 핵무기는 적의 대

제2차 세계 대전 당시, 미국의 해리 트루먼 대통령은 일본의 히로시마와 나가사키에 원자 폭탄을 떨어뜨리는 어마어마한 결정을 내렸다. 트루먼의 결정은 반드시 필요한 것이었으며, 역사적으로 옳았다고 할 수 있을까?

찬성 근거
- 일본의 끈질긴 저항으로 전쟁이 계속돼 사람과 재산 피해 등 지속적으로 피해가 커지는 상황에서 원자 폭탄으로 전쟁을 마무리 지을 수 있었다.
- 미국이 지상군을 투입해 도쿄 점령에 나섰다면 히로시마와 나가사키 원폭 피해자보다 더 많은 사상자가 발생할 수 있었다.
- 전 세계에 핵폭탄 위력을 보여 줌으로써 향후 핵무기 사용 금지 필요성의 인식을 확산시키는 계기가 되었다.

반대 근거
- 일본은 원자 폭탄 공격이 없었어도 제2차 세계 대전에서 졌을 것이다.
- 사람들이 밀집한 도시 한복판에 원자 폭탄을 떨어뜨리지 않고, 도쿄 항구 인근 바다에 떨어뜨려 겁을 주었어도 일본은 항복했을 것이다.
- 미국이 군인이 아니라 도시의 민간인을 학살한 것은 중대한 범죄다.
- 미국과 옛 소련 간의 잠재적 경쟁으로 일본이 희생된 측면이 있다.

도시나 주요 산업 시설 등을 파괴함으로써 전쟁 상황을 한번에 바꿀 수 있는 위력을 가진 핵무기라는 뜻입니다. 제2차 세계 대전 당시, 미국이 일본의 히로시마와 나가사키에 떨어뜨린 원자 폭탄으로 수십만 명이 사망했습니다. 이때 사용된 원자 폭탄이 바로 전략 핵무기입니다.

전술 핵무기는 전략 핵무기보다 위력이 작아요. 개개의 전투 현장에서 적을 공격하는 데 사용할 수 있을 정도의 파괴력만 가졌지요. 북한이 땅굴 속에 **장사정포** 등을 숨겨 놓고 있는데요. 북한의 **지하 벙커**에 감춰진 무기를 공격할 목적으로 소형 핵무기가 사용된다면 이것이 바로 전술 핵무기에 해당하지요.

간추려 보기

- 핵무기는 핵분열이나 핵융합으로 발생하는 에너지를 사람을 직접 죽이거나 시설을 파괴하는 데 사용하는 무기를 말한다.
- 원자 폭탄은 핵분열을 이용해 만드는 핵폭탄이고, 수소 폭탄은 핵융합을 이용한 핵폭탄이다.
- 일반적으로 핵무기라고 할 때는 핵폭탄을 운반하는 수단인 미사일 등과 결합한 상태를 말한다.
- 역사상 핵무기는 제2차 세계 대전 당시에 미국이 일본의 히로시마와 나가사키에 각각 한 번씩 사용했고, 그 이후 사용된 적은 없다.
- 핵무기는 자국을 보호할 수 있는 가장 강력한 무기이기도 하지만, 전 세계 인류에게 재앙을 가져올 수 있는 무시무시한 흉기라는 두 가지 얼굴을 동시에 갖고 있다.

2

세계의 핵무기 보유국

제2차 세계 대전 이후, 미국과 옛 소련은 경쟁하듯이 원자 폭탄을 개발했고, 영국, 프랑스, 중국이 그 뒤를 이었습니다. 더 나아가, 인도와 파키스탄, 이스라엘 같은 나라가 핵확산금지조약에 가입하지 않은 채 핵무기 보유국이 되었어요. 핵무기 보유국이 많아지면서 전 세계는 점점 핵무기의 공포에 휩싸이게 되었습니다.

1945년

8월 15일 일본이 제2차 세계 대전에서 항복 선언을 했습니다. 전 세계는 히로시마와 나가사키에 떨어진 원자 폭탄의 위력을 지켜보면서 처음 느끼는 압도적인 공포감에 휩싸였어요. 세계의 지식인들은 원자 폭탄을 만들거나 사용하지 못하게 해야 한다고 목소리를 높이기 시작했지요.

세계 최고 강대국 미국과 옛 소련이 국제 감시 기구를 만들어 원자 폭탄을 통제하는 데 참여하겠다고 선언했습니다. 그러나 미국과 옛 소련은 겉으로는 그런 입장을 밝히면서도 속으로는 다른 생각을 하고 있었어요. 경쟁국보다 원자 폭탄을 더 빨리, 더 많이 만들어야 상대국을 기선 제압할 수 있을 것이라고 판단한 것이지요.

원자 폭탄을 규제하려는 국제 사회의 노력은 일본의 항복 선언 이후 불과 1년 반 만인 1946년 말에 물거품이 되고 말았습니다. 옛 소련이 미국을 따라잡으려고 비밀리에 원자 폭탄 개발을 위해 총력을 기울였거든요. 옛 소련은 스파이를 미국에 잠입시켜 미국이 원자 폭탄을 어떻게 만들었는지 간파해 냈어요. 옛 소련의 과학자들은 미국에서 훔친 정보 등에 힘입어 히로시마와 나가사키에 떨어진 원자 폭탄의 제조법을 완성했습니다. 그리고 1949년 8월

냉전 시대에 스파이들이 사용하던 도구다. 미국과 옛 소련은 경쟁하듯이 스파이를 잠입시켜 기밀 정보를 훔쳐 내곤 했다.

29일, 옛 소련은 첫 번째 핵실험에서 성공을 거둡니다.

옛 소련이 핵무기 보유 국가가 됨에 따라, 미국은 옛 소련을 따돌리려고 원자 폭탄보다 더 무서운 수소 폭탄 개발에 전념합니다. 당시 미국 대통령이었던 해리 트루먼은 옛 소련이 첫 번째 핵실험을 한 지 약 반년이 지난 1950년 초에 수소 폭탄을 제조하라고 미국 행정부와 과학자들에게 지시했어요.

옛 소련도 이를 가만히 두고 볼 리 없었겠지요. 옛 소련도 수소 폭탄 개발 경쟁에 뛰어들었어요. 그 결과, 미국과 옛 소련은 1954년에 제1세대 수소 폭

생각해 보기

당시 최고 강대국이었던 미국과 옛 소련의 핵무기 문제에 대한 겉 다르고, 속 다른 태도가 오늘날 어떤 결과를 가져왔을까요?

탄 실험에 성공합니다. 옛 소련은 1961년 10월 30일 북서부에 있는 섬 노바야 젬라(Novaya Zemlya)에서 '괴물 폭탄(monster bomb)'으로 불린, 당시로서는 최대 규모의 수소 폭탄 실험을 했어요.

영국, 프랑스, 중국의 핵무기 개발

미국과 옛 소련에 이어 영국마저도 핵무기 개발 경쟁에 뛰어들었습니다. 미국과 영국은 그때나 지금이나 형제 국가입니다. 영국은 제2차 세계 대전 중에 이미 핵무기 개발 준비를 했어요. 그때부터 미국이 영국을 도와주었지 요. 영국은 1952년 10월 3일 첫 번째 핵실험을 마쳤습니다.

그럼 영국과 라이벌이었던 프랑스도 가만있지는 않았겠죠? 프랑스는 미 국 등 다른 나라의 도움을 받지 않고, 독자적으로 핵무기를 개발했습니다. 프랑스는 1960년 2월 13일에 첫 번째 핵실험을 했어요.

프랑스가 핵실험을 한 지 4년 반이 지난 뒤인 1964년 10월 16일에 중국이 첫 번째 핵실험을 했습니다. 중국과 옛 소련은 같은 공산권 국가이지만 서 로 협력하면서도 경쟁하는 사이였지요. 하지만 옛 소련은 중국이 핵무기를 개발하는 과정에 도움을 줍니다. 공산권 세력 확장을 위해서였지요. 어찌 됐 든 중국도 핵무기 개발에 성공해서 다섯 번째 핵보유국이 됐지요.

미국, 옛 소련, 영국, 프랑스, 중국 이 다섯 나라가 현재까지도 공식적인 핵무기 보유국으로 국제 사회에서 인정을 받고 있습니다. 현재, 이 다섯 나 라는 유엔 산하 기구인 유엔 안전보장이사회(안보리)에서 상임 이사국 자리 를 차지하고 있어요. 유엔 안보리는 국제 사회에서 유일하게 법적으로 효 력 있는 결정을 내릴 수 있는 기관입니다. 이것은 어찌 보면 국제 사회가 힘의 논리로 돌아가고 있다는 엄혹한 진실을 보여 주는 하나의 사례라고 할 수 있지요.

창과 방패의 싸움, 국제 사회의 핵무기 통제

미국, 옛 소련, 영국, 프랑스, 중국 등 다섯 나라가 핵무기를 갖게 되면서 1960년대 초부터 국제 사회에서는 핵전쟁을 걱정하는 목소리가 커지기 시작했습니다. 지구상의 모든 국가가 핵무기를 갖는다면, 이는 상상만으로도 소름이 끼칠 일이잖아요. 그렇게 되면 모든 전쟁이 핵전쟁이 될 수 있고, 지구촌 인류는 일본의 히로시마와 나가사키 주민들처럼 핵무기로 몰살당할 수 있겠다는 공포감이 점차 자리 잡기 시작했어요.

실제로 핵을 보유한 5개국 이외에 많은 국가들이 서둘러 핵무기 개발 경쟁에 뛰어들었습니다. 이 때문에 핵무기를 가장 먼저 만든 미국과 옛 소련은 다른 나라들이 더는 핵무기를 만들지 못하게 해야겠다고 생각했어요. 그래서 미국과 옛 소련이 앞장서서 '핵확산금지조약(NPT, Non-Proliferation Treaty)'을 만들었습니다.

NPT는 1968년 7월에 만들어졌고, 그때부터 세계 각국에서 서명(사인) 및 비준(국회의 허가) 작업이 시작됐어요. 얼마 뒤인 1970년 3월에 NPT가 발효됐어요. 여기서 발효란 법적인 효력이 발생하기 시작한다는 뜻입니다.

NPT는 세계에 있는 모든 국가를 두 그룹으로 나눴어요. 이 조약에 가입할 당시에 핵무기를 보유한 5개 국가(미국, 옛 소련, 영국, 프랑스, 중국)와 핵무기가 없는 나머지 모든 나라로 구분한 것이지요. 그런 다음에 핵무기를 보유한 5개 국가는 계속 핵무기를 합법적으로 가질 수 있도록 하고, 나머지 그룹

집중탐구 NPT 탈퇴 가능한가?

NPT는 1970년 3월부터 시행됐다. 한국, 북한을 비롯해 세계 191개 국가가 이 조약에 가입했었다. 미국, 옛 소련, 영국, 프랑스, 중국 등 세계 5대 핵보유국도 이 조약의 멤버. 그렇지만 사실상 핵무기 보유 국가인 인도, 파키스탄, 이스라엘은 이 조약에 처음부터 가입하지 않았다. 현재 이 조약에 가입되어 있지 않은 나라는 이 세 나라와 함께 남수단까지 합해 4개국밖에 없다.

문제는 북한이다. 북한은 이 조약에 가입했다가 탈퇴를 선언한 유일한 국가다. 북한은 1993년 3월 12일 이 조약에서 탈퇴하겠다고 선언했다. 그러나 1994년 미국과 북한 간 '제네바합의'에 따라 북한이 NPT 탈퇴를 보류하기로 했다.

북한은 2003년 1월 10일 다시 NPT 탈퇴를 선언했고, 다음 날인 11일부터 탈퇴 효력이 발생한다고 주장했다. NPT 10조 1항에 따르면 이 조약에 가입한 나라가 탈퇴하려면 조약 탈퇴 3개월 전에 모든 회원국과 유엔 안보리에 알려야 한다고 규정되어 있다.

NPT에 가입했다가 탈퇴할 수 있는지도 쟁점이다. 이 조약 10조 1항에는 '각 당사국이 본 조약상의 문제와 관련되는 비상사태가 자국의 최고 이익을 위태롭게 하고 있다고 판단할 경우 본 조약으로부터 탈퇴할 수 있는 권리를 가진다.'고 되어 있다.

북한은 1993년 3월에 이미 탈퇴 선언을 했기 때문에 3개월을 기다릴 이유가 없이 2003년 1월 11일 날짜로 탈퇴된 것이라고 주장하고 있다. 그러나 NPT 조약 문제를 처리하는 국제기구인 국제원자력기구(IAEA)는 북한의 NPT 탈퇴를 인정하지 않고 있다. 북한의 탈퇴 선언은 북한이 자의적으로 한 것에 불과하다며 북한을 여전히 이 조약 가입국으로 대하고 있다.

에 있는 모든 국가는 핵무기를 제조할 수 없도록 규정했어요.

이 조약은 핵무기를 가진 5개 국가는 핵무기를 사용할 수 없고, 다른 나라가 핵무기를 만드는 데 도움을 주어서도 안 된다고 못을 박았지요. 또한 핵무기를 보유한 5개 국가는 가지고 있는 핵무기의 수를 점점 줄여 나가서 언젠가는 핵무기를 모두 폐기하기로 합의했어요.

NPT에 모든 나라가 처음부터 흔쾌히 사인한 것은 아닙니다. 핵무기 보유 5개국 중에서 미국, 옛 소련, 영국은 즉각 사인했고, 이들 국가와 함께 다른 59개국이 이 조약에 가입했어요. 하지만 핵무기 보유국 중에서 중국과 프랑스는 계속 사인을 하지 않고 버티다가 1992년에 가서야 서명을 했어요.

1991년에서 1992년에 옛 소련이 붕괴됐어요. 옛 소련 **연방**이 러시아 등 여러 나라로 쪼개졌습니다. 이때 옛 소련이 가지고 있던 핵무기가 우크라이나, 벨라루스, 카자흐스탄 등의 나라에 그대로 남게 되었어요. 이 나라들은 얼떨결에 핵보유국이 된 것이지요. 그러나 이 세 나라는 1996년에 모두 NPT에 가입했어요. 이 나라들은 핵무기를 보유하지 않기로 하고, 갖고 있던 핵무기

생각해 보기

현재 핵무기를 갖고 있는 국가만 계속 핵무기를 보유할 수 있도록 한 NPT는 처음부터 불평등을 인정한 '불평등 조약'일까요? 아니면 국제 정치의 현실을 고려할 때 그렇게 할 수밖에 없는 '합리적인 조약'이라고 해야 할까요? 또한 NPT는 어느 정도로 인류의 비핵화에 기여하고 있는 걸까요?

를 모두 러시아에 넘겼어요.

하지만 인도, 파키스탄, 이스라엘 등 세 나라는 끝까지 NPT에 가입하지 않았습니다. 현재 이 세 나라는 모두 핵무기를 보유하고 있어요. 북한은 NPT에 가입했다가 1992년에 탈퇴 선언을 했어요. 그리고 나서 1994년 북한과 미국 간 핵 협상 합의에 따라 이 협정에 복귀할 것을 약속했다가, 2003년에 이 조약에서 다시 탈퇴했어요. 물론 북한은 탈퇴했다고 주장했지만 국제 사회는 인정하지 않고 있어요.

세계 여섯 번째 핵무기 개발 국가, 인도

인도는 1947년에 영국의 **식민지** 지배에서 벗어났어요. 인도는 마하트마 간디의 '비폭력주의'에 크게 영향을 받은 국가입니다. 그런 인도는 미국이 1954년 태평양에 있는 마셜 군도에서 핵실험을 하자 가장 앞장서서 미국을 비난했어요. 당시 인도의 총리였던 자와할랄 네루는 국제적인 반핵 운동의 지도자로 급부상했지요.

그러나 인도는 1962년에 핵무기를 가진 중국과 국경 분쟁에서 패배했어요. 인도는 힘이 없으면 국제 사회에서 자신의 나라도 제대로 지킬 수 없다는 뼈아픈 경험을 했습니다. 인도는 지금도 중국을 '북쪽의 적'이라고 부르고 있지요.

네루 인도 총리는 핵 개발 연구에 국가적인 자원을 모두 쏟아 부었어요. 대학에 원자력공학과를 만들고, 해외에 과학자를 내보내 원자력 전문가를 적극적으로 키웠습니다. 인도는 네루 총리가 사망한 뒤에도 핵 개발을 멈추지 않았어요.

인도의 첫 번째 핵실험이 벌어졌던 라자스탄 사막. 인도는 과거 간디의 비폭력주의를 버리고 전 세계에 핵보유국임을 선언한 셈이다.

인도는 1974년 '미소 짓는 부처'라는 암호명으로 라자스탄 사막에서 첫 번째 핵실험을 했습니다. 인도는 그로부터 24년 뒤인 1998년 인도 서부의 라자스탄주에 있는 포크란 핵 실험장에서 '샤크티(위력이라는 뜻) 작전'이라는 이름으로 연속적인 핵실험을 했어요. 그해 5월 11일에 세 번에 걸친 핵실험을 했고, 다시 이틀 뒤인 13일에 두 번 더 핵실험을 했습니다. 마침내 인도의 아탈 비하리 바지파이 총리는 인도가 핵보유국이라는 선언을 했어요.

그 후 미국과 일본 등은 인도에 경제적으로 타격을 주는 조처를 취했습니다. 인도는 다른 나라들이 자국에 투자를 하지 않아 경제적으로 큰 어려움을 겪었지요. 그러나 인도는 국가가 운영하던 기업을 민간에게 넘겨 경쟁력을 키우는 등 경제 발전 계획을 실행해 어려움에서 벗어날 수 있었어요.

이렇게 인도가 핵보유국이 되자 아시아에서 유일하게 핵무기를 가지고 있던 중국은 더는 큰소리를 치기 어렵게 됐지요. 미국은 인도가 그렇게 군사적으로나, 경제적으로 큰 나라로 발전해 감에 따라 인도에 대한 경제적 압박

조치를 해제했습니다. 또 미국은 2001년에 인도와 '전략적 동반자 관계'를 맺었어요. 미국은 공산주의 국가인 중국이 공룡처럼 성장하는 것을 견제하는 일이 우선적인 목표였거든요. 미국은 인도와 손을 잡고, 공산 국가인 중국을 포위하는 전략을 펼쳤습니다.

현재까지 인도는 핵무기를 몇 개 가졌는지 공개하지 않고 있어요. 국제 사회는 인도가 핵무기를 가지고 있다는 사실을 알고는 있지만, 인도를 핵무기 보유국으로는 인정하지 않고 있습니다. 왜냐하면 1970년에 NPT가 시행될 때까지 핵무기를 보유했던 미국 등 5개 국가만 공식적인 핵보유국이고, 다른 나라가 핵무기를 가지고 있는 것은 불법이라는 게 국제 사회의 일반적인 해석이기 때문이지요. 그렇게 해야만 국제 사회의 핵 확산을 조금이라도 막을 수 있다고 생각하고 있는 거죠.

인도는 핵무기를 가짐으로써 중국에 맞설 수 있는 나라가 됐고, 국제 사회의 압박으로부터 벗어났습니다. 인도 사람들은 핵무기 개발을 잘한 일이라고 생각할 수 있어요. 하지만 인도가 핵무기를 가짐으로써 인도의 라이벌 국가인 파키스탄이 현재 핵무기를 만들어 인도를 위협하고 있으며, 졸지에 인도와 파키스탄이 핵전쟁의 위기에 놓이게 된 것은 인도로서는 상상하지 못한 부작용이었을 거예요.

파키스탄의 인도 따라잡기

파키스탄이 있는 인더스강 지역에는 기원전 수천 년 전부터 수많은 민족이 살고 있었어요. 많은 민족이 함께 살다 보면 땅을 서로 뺏고, 빼앗기는 싸움을 하게 마련입니다. 그러는 사이에 이슬람교를 믿는 사람들이 11세기쯤에 파키스탄이 있는 지역으로 진출했어요. 이슬람교도인 바부르는 그곳에서 **무굴 제국**을 일으켰고, 그 후 **아크바르 시대**에 이르러 인도를 통일했어요.

그러나 영국이 19세기 중엽부터 인도를 식민지로 만들어 약 100년간 영국령 인도 제국을 지배했습니다. 파키스탄은 이 때문에 인도의 일부로서 영국의 지배를 받았어요.

파키스탄 사람들은 영국의 통치를 받으면서도 1906년에 전인도회교도(이슬람교도)연맹 등을 만들어 이슬람교도가 중심이 되는 나라를 세우기 위한 독립운동을 벌였습니다. 제2차 세계 대전 이후, 인도 독립 문제를 인도와 영국이 협상할 때 인도에 있는 이슬람교도들은 파키스탄이라는 독립 국가의 건설을 요구했어요.

1947년 8월 인도국민회의파, 무슬림연맹, 영국 정부 등이 합의해서 인도 독립법이 만들어졌습니다. 이때 이슬람교도 중심의 동—서 파키스탄은 힌두교 중심의 인도와 분리되어 영국 연방 내의 자치령으로 독립했습니다. 결국, 파키스탄은 1956년에 헌법을 제정하고, 이슬람 공화국을 설립했습니다.

원래 한 나라였던 인도와 파키스탄이 서로 분리되면서 카슈미르(Kashmir) 지역에서 분쟁이 생겼어요. 카슈미르는 한반도 면적 정도 크기의 고원 지대로 약 500만 명가량이 거주하고 있는 지역입니다. 카슈미르는 인도에 편입되어 있지만 이곳 인구의 60%가량이 이슬람교도입니다. 이 때문에 카슈미르에서는 인도로부터 분리해서 독립하거나, 파키스탄으로 편입하자는 분리주의 활동이 끊임없이 이어지고 있어요.

이 카슈미르를 두고 인도와 파키스탄은 1949년부터 1971년까지 1~3차 인도—파키스탄 전쟁을 치렀어요. 그러나 아직도 분쟁이 끝나지 않았지요.

인도가 1974년 첫 번째 핵실험을 하자 깜짝 놀란 파키스탄이 부랴부랴 핵무기 개발에 나섭니다. 파키스탄도 1998년 5월 28일과 30일에 여섯 차례에 걸쳐 핵실험을 함으로써 인도와 함께 '비공인 핵보유국'이 됐어요.

파키스탄이 핵실험을 하자 미국이 파키스탄과 무기 거래를 금지하는 제재를 취했지만, 유엔 차원의 국제적 제재를 받지는 않았어요. 또 미국은 2001년 9.11 테러 사건이 발생하자 아프가니스탄을 상대로 한 테러와의 전쟁을 치를 때 전쟁 기지로 파키스탄을 이용하기 위해 파키스탄에 대한 제재를 풀어 주었습니다. 그래서 인도와 파키스탄은 핵을 보유한 라이벌이 됩니다.

핵전쟁 공포 속에 사는 인도와 파키스탄 국민

현재 국제 사회에서 북한의 핵무기 개발과 핵무기 확산 문제가 매우 심각한 문제로 떠올랐어요. 그렇지만 서로 핵무기로 전쟁할 가능성이 가장 큰 나라로는 인도와 파키스탄이 꼽히고 있습니다. 인도와 파키스탄은 카슈미르 지역 분쟁 등으로 인해 상대국을 핵무기로 공격할 준비를 계속하고 있으니까요.

인도와 파키스탄은 벌써 세 번이나 전쟁을 치렀어요. 두 나라 사이에 네 번째 전쟁이 터지면 핵전쟁이 될 가능성이 크다는 전망은 이미 해묵은 전망이지요. 전쟁은 어느 나라가 미리 준비해서 계획적으로 일으키기도 하지만 작은 사고나 오해, 테러 공격 등으로 인해 우발적으로 발발할 수도 있답니다.

인도와 파키스탄은 2002년 5월 핵전쟁 발발 일보 직전까지 가기도 했어요. 파키스탄에 근거지를 두고 있던 이슬람 과격 단체들이 2001년 말부터

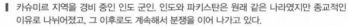

▎ 카슈미르 지역을 경비 중인 인도 군인. 인도와 파키스탄은 원래 같은 나라였지만 종교적인 이유로 나뉘어졌고, 그 이후로도 계속해서 분쟁을 이어 나가고 있다.

2002년 초에 인도에서 연쇄적으로 테러 사건을 일으키자 인도는 구축함 등 다섯 척의 군함을 파키스탄 인근 인도 국경 지대에 급파했어요. 파키스탄도 아프가니스탄 접경지대에 배치된 군 병력을 인도와의 국경 지대로 집결시켰습니다. 인도와 파키스탄 간 국경 지대에 양측 군인 100만 명 이상이 집결하는 등 일촉즉발의 전운이 감돌았어요.

벌써 세 차례 전쟁을 치렀던 인도와 파키스탄이 그때 다시 4차 전쟁을 하게 되면 인류 역사상 최초의 핵전쟁이 될 것이라는 우려가 나왔어요. 미국과 영국이 핵전쟁을 막으려고 인도와 파키스탄을 설득해 간신히 전쟁 위기를 넘길 수 있었지요.

미스터리 핵무기 보유국, 이스라엘

유대인은 기원전 1500년 무렵부터 팔레스타인 지역에 살았습니다. 그러나 로마 제국이 135년에 유대인을 팔레스타인에서 내몰았어요. 그 후 유대인은 나라 없이 유럽과 미국 등을 떠돌아다니며 살았습니다. 팔레스타인은 제1차 세계 대전 이후 계속 영국의 식민지였습니다. 유대인은 제1차 세계 대전 직후 팔레스타인에 나라를 세우는 운동인 '**시오니즘**'을 본격적으로 시작했어요.

유대인은 제2차 세계 대전이 끝난 뒤인 1948년에 드디어 독립 국가를 세웠습니다. 구약 성경에 나오는 '젖과 꿀이 흐르는 가나안 땅'에 어렵게 나라를 세운 거지요. 유엔은 이스라엘의 건국을 승인했어요. 하지만 수천 년 동안 그곳에서 살던 팔레스타인 사람들은 졸지에 자기네 땅에서 쫓겨나게 되었지요.

팔레스타인 사람들도 가만히 있지는 않았어요. 그들은 잃어버린 땅을 찾으려고 1964년에 팔레스타인해방기구(PLO)를 만들어 이스라엘과 싸우고 있습니다. 이스라엘은 주변의 아랍 국가들과 모두 네 번에 걸쳐 전쟁을 벌였어요. 하지만 아직도 이스라엘-팔레스타인 분쟁은 끝없이 이어지고 있습니다.

이스라엘은 나라를 세운 뒤에 바로 핵무기 개발 준비에 착수한 것으로 알려져 있어요. 당시 다비드 벤구리온 이스라엘 총리는 로버트 오펜하이머 같은 독일 과학자가 미국에서 핵무기를 만든 것을 보면서 세계 각국에서 활동하는 유대인 과학자들을 이스라엘로 불러 모아 핵무기 개발을 지시했어요. 이스라엘은 1966년에 처음으로 핵무기를 만들었을 것이라고 다른 나라들이 짐작하고 있어요.

이미 핵무기를 가진 것으로 짐작되는 이스라엘은 '시인도, 부인도 하지 않는(NCND, Neither Confirm Nor Deny)' 태도를 보였습니다. 그런데도 이스라

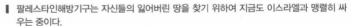

❙ 팔레스타인해방기구는 자신들의 잃어버린 땅을 찾기 위하여 지금도 이스라엘과 맹렬히 싸우는 중이다.

■ 이스라엘은 자신의 땅을 지키기 위해
적대적인 아랍 국가들과 끊임없이 분
쟁을 일으키고 있다.

엘은 핵확산금지조약, 즉 NPT에 가입하지 않았어요. 이스라엘은 핵실험
을 하지 않았다는 사실을 밝힌 적도, 핵무기 보유 사실을 정식으로 밝힌
적도 없었습니다.

골다 메이어 전 이스라엘 총리(1898~1978)는 "이스라엘이 이 지역에서 핵무
기를 사용하는 첫 번째 국가가 되고 싶지는 않다. 하지만 두 번째 국가도 되

생각해 보기

이스라엘만 핵무기가 있고, 주변 아랍 국가들은 모두 핵무기가 없어 이스라엘 국민
이 안전하다고 할 수 있을까요? 아랍의 다른 나라들이 이스라엘의 감시망을 피해
치명적인 재래식 무기를 만들거나 외국에서 핵무기를 들여왔을 때도 이스라엘 국
민은 자국의 안전을 지켜 낼 수 있을까요?

고 싶지 않다."고 말했어요. 이 말은 무슨 뜻일까요? 일단 이스라엘이 핵무기를 가지고 있긴 하지만 다른 나라를 핵무기로 먼저 공격하지는 않겠다는 뜻이지요. 하지만 다른 나라가 핵무기로 이스라엘을 공격한다면 이스라엘이 먼저 그 나라를 핵무기로 공격하겠다는 말이 됩니다.

이스라엘은 종교적으로 정치적으로 적대적인 아랍 국가들에 둘러싸여 있어요. 인구를 기준으로 하면 이스라엘은 아랍의 50분의 1정도밖에 되지 않습

찬성과 반대 핵무기는 전쟁을 억제하는 좋은 무기가 될 수 있나?

- 케네스 월츠(Kenneth Waltz, 1924~2013, 미 컬럼비아대 교수) 박사의 '핵 평화론'(Nuclear Peace) : 핵무기는 국제 사회에서 전쟁의 위험을 막아 줌으로써 세계 평화에 긍정적으로 기여하고 있다. 제2차 세계 대전 이후 민주주의와 공산주의가 대립하는 '냉전 시대'에 초강대국인 미국과 옛 소련이 전쟁하지 못한 이유도 다 핵무기 때문이다. 어느 한 나라가 핵무기로 먼저 공격해도 다른 나라가 공격한 나라를 핵무기로 반격할 수 있어, 두 나라가 서로 감당할 수 없는 피해 때문에 핵무기를 가진 나라끼리는 전쟁할 수가 없기 때문이었다.
- 스콧 세이건(Scott Sagan, 1955~, 미 스탠퍼드대 교수) 박사의 반론 : 핵무기 보유국이 늘어날수록 핵전쟁의 가능성은 그만큼 커질 수밖에 없다. 핵전쟁이 일어나면 인류는 돌이킬 수 없는 대참사를 겪게 된다. 또한 일부 핵무기 보유 국가들이 철저한 관리 시스템을 마련하지 못해 핵무기가 다른 불량 국가에 판매되거나 도난당할 수 있고, 테러리스트의 손에 들어갈 수도 있다.

니다. 이런 상황에서 이스라엘은 나라를 지키려면 핵무기가 필수적이라고 믿고 있어요. 또한 이스라엘은 여기서 한 걸음 더 나아가 중동의 다른 나라들이 핵무기를 갖지 못하도록 온갖 애를 다 쓰고 있어요.

간추려 보기

- 미국은 핵무기를 처음 개발한 국가로 미국만 유일하게 핵무기를 가지려 했다.
- 미국은 1945년 7월 세계 최초로 핵실험에 성공했다. 미국은 1945년 8월 제2차 세계 대전 중에 일본의 히로시마와 나가사키에 원자 폭탄을 떨어뜨렸다.
- 옛 소련(현재 러시아)은 미국의 핵무기 개발에 자극을 받아 핵무기 개발을 시작했고, 1949년에 첫 번째 핵실험에 성공했다.
- 미국과 옛 소련의 뒤를 이어 영국(1952년), 프랑스(1960년), 중국(1964년)이 각각 핵무기 보유 국가가 됐다.
- 미국 등 5대 핵무기 보유 국가와 다른 나라들이 핵무기의 확산을 막으려고 NPT를 만들어 1970년에 시행했다. 이 조약은 미국 등 5개 핵무기 보유국만 계속 핵무기를 가지고 있고, 나머지 국가들은 핵무기를 만들지 못하도록 했다.
- 인도와 파키스탄은 NPT에 가입하지 않고, 독자적으로 핵무기 개발에 나섰다. 인도는 1974년에 첫 핵실험을 했고, 파키스탄은 1998년에 첫 핵실험을 한 뒤 NPT 체제를 벗어난 사실상 핵보유국이 됐다.
- 이스라엘도 NPT에 가입하지 않았다. 이스라엘은 핵실험이나 핵무기 보유 사실에 대해 시인도 부인도 하지 않는 입장을 취하고 있으나 이미 핵무기를 보유하고 있다.

생존을 위한 몸부림, 북한의 핵무기 개발

한국 전쟁 당시, 해리 트루먼 미국 대통령과 더글러스 맥아더 극동군 사령관은 북한을 넘어 중국까지 공격하는 문제를 놓고 큰 대립을 보였어요. 트루먼 대통령은 제3차 세계 대전으로 이어질 수 있는 핵폭탄 사용을 막아 냈지요. 한편, 북한은 옛 소련의 도움을 받아 1960년대부터 핵무기 개발 연구를 본격적으로 시작했답니다.

미국은 1945년 8월 일본의 히로시마와 나가사키에 원자 폭탄을 떨어뜨렸고, 일본은 즉각 항복했습니다. 그 해 8월 6일 인류 역사상 최초로 원자 폭탄을 떨어뜨리는 데 사용된 미 공군의 폭격기는 '에놀라 게이(Enola Gay)'라는 이름을 가진 B-29 슈퍼포트리스(Superfortress)였어요.

B-29는 무거운 핵폭탄을 싣고 가 목표 지점에 떨어뜨릴 수 있는 능력을 갖추고 있습니다. 1950년대까지만 해도 미사일 기술이 발달하지 않아 핵폭탄을 떨어뜨리려면 이를 운반할 수 있는 항공기가 필요했어요. B-29 폭격기는 최대 항속 거리가 9,650km에 달하고, 무게가 64t에 이르며 프로펠러가 넷 달린 대형 항공기입니다. B-29는 세계 최초로 원자 폭탄을 떨어뜨리는 작전을 성공적으로 끝내고 나서 더욱 유명해졌지요.

1950년 6월 25일, 북한군이 38선을 넘어 한국을 공격하기 시작했습니다. 인민군은 거침없이 남쪽으로 밀려 내려오면서 한국을 점령해 나갔어요. 이렇게 한국 전쟁은 시작됐어요.

미국의 극동공군사령부(FEAT)는 한국 전쟁 발발 3일째 되는 날에 미군 '19폭격그룹'에 소속되어 있던 B-29 폭격기 편대를 투입했어요. 이 폭격기는 서울과 38선 이북의 북한 군사 기지 등을 폭격하는 데 동원되었습니다. 미 공군의 '98폭격그룹' 소속의 B-29 폭격기들도 일본의 요코타 공군 기지에서 대기하고 있었습니다.

핵전쟁이 날 뻔했던 한국 전쟁

미국의 《에어 앤드 스페이스》 매거진에 따르면 미국은 1950년 6월 한국 전쟁 직전까지 세계에서 유일한 핵무기 보유 국가였습니다. 미국은 한국 전쟁이 시작되기 직전에 '마크3(Mark3)'으로 불리는 핵무기를 개량한 '마크4'를 만들었어요. 한국 전쟁이 일어났을 때 미국은 이미 마크4 핵무기를 300기가량 만들어 놓고 있었습니다.

옛 소련은 1949년 8월에 제1차 핵실험을 했고, 1951년까지 지상에서 핵실

■ 놀랍게도 미군은 한국 전쟁에서 핵무기를 사용할 준비를 하고 있었다.

험을 하지 못했어요. 중국은 1964년 10월에 가서야 첫 핵실험을 했습니다. 이 때문에 미국은 핵무기 보복 걱정을 하지 않고, 한국 전쟁 당시 북한을 핵무기로 공격할 수 있었어요. 실제로 미국은 그 당시에 북한을 핵무기로 초토화시키려는 방안을 진지하게 검토했었습니다.

한국과 미국은 북한군에 밀려 부산까지 후퇴했다가 1950년 9월 15일 더글러스 맥아더 사령관의 지휘로 인천상륙작전을 전개했어요. 이 작전은 성공했고, 한국군과 미군 등 유엔군은 서울을 다시 수복했으며 북한 인민군의 군수 물자 보급 시스템을 끊어 놓았습니다.

1950년 10월에 한국군과 유엔군은 북한의 압록강까지 밀고 올라갔습니다. 그해 크리스마스는 한국 전쟁 승리를 축하하는 날이 될 줄 알았지요. 그러나 중국 인민군이 참전했습니다. 중국은 그해 11월 말에 20만 명가량의 인민군을 앞세워 **인해전술**로 나왔어요. 한국군과 유엔군은 또다시 남쪽으로 밀려났고, 양측 간에 치열한 공방전이 끝없이 계속될 것 같았어요.

B-29 슈퍼포트리스. 제2차 세계 대전에서 사용된 미국의 전략 폭격기로서 히로시마에 원자 폭탄을 투하한 폭격기로 유명하다.

해리 트루먼 당시 미국 대통령은 1950년 11월에 기자 회견을 열었습니다. 트루먼은 한국 전쟁 승리를 위해 핵무기를 포함한 모든 수단을 동원하겠다고 선언했어요. 미국은 당시까지 핵무기의 보관 및 관리를 미군이 아닌 민간 기관에 맡겨 놓고 있었어요.

트루먼 대통령은 1951년 4월 한반도에서 핵전쟁을 개시할 수 있다는 중대한 결정을 내렸어요. 트루먼은 민간인이 관리하던 핵폭탄 9개를 미 군대로 이관하고, 이것을 일본 오키나와 기지로 옮기도록 명령을 내렸지요. 또 그는 이 핵폭탄을 실어 나를 B-29 폭격기를 오키나와 기지에 보냈고, 일본 도쿄에 핵전쟁을 수행할 '전략공군사령부'까지 설치했어요.

이 사령부는 1950년 10월부터 한국에서 다시 한 번 핵전쟁을 치를 '허드슨 하버 작전(Operation Hudson Harbor)'을 준비했습니다. 이는 가상으로 목표물을 정해 놓고 B-29 폭격기에 핵폭탄을 가져가서 투하하는 훈련이었지요. 그러나 미국은 이 작전을 실행에 옮기지는 않았어요. 미국은 1951년 6월 핵폭탄을 실은 모든 B-29 폭격기를 미국 본토로 철수시켰어요.

생각해 보기

미국의 트루먼 대통령이 한국 전쟁에서 핵무기 사용을 하지 않은 이유에 관해서는
역사학자들 사이에서 여러 해석이 나오고 있습니다. 과연 제2차 세계 대전 당시의
일본과 한국 전쟁 당시의 북한은 어떤 차이가 있었을까요?

맥아더, 북한 도운 중국에 핵 폭격 준비

맥아더는 인천상륙작전의 성공으로 미국에서 '전쟁의 신'이라는 찬사를
받았습니다. 그러나 당시 트루먼 대통령은 맥아더를 좋게 생각하지 않았어
요. 트루먼이 맥아더를 한국 전쟁 당시에 미국 극동군 사령관 겸 유엔군 사
령관으로 임명했지만, 맥아더가 대통령 말을 잘 듣지 않는다는 게 트루먼의
불만이었습니다.

결국, 1951년 4월 11일 트루먼 대통령은 맥아더 사령관을 전격적으로 해임

집중탐구 **대량파괴무기**

제2차 세계 대전 이후 핵무기 등 파괴력이 큰 무기를 대량파괴무기(Weapons of
Mass Destruction, WMD)로 분류하는 개념이 등장했다. 원자 폭발 무기, 방사성 물
질 무기, 생물학 무기, 화학 무기와 향후 개발되는 대량 학살 무기가 모두
대량파괴무기에 속한다.

했어요. '전쟁 중에는 장수를 바꾸지 않는다.'는 격언이 있지요. 하지만 트루먼은 이것을 완전히 무시했습니다. 트루먼은 맥아더 후임으로 매튜 리지웨이 장군을 임명했어요.

트루먼 대통령은 왜 백전노장 맥아더 사령관을 한국 전쟁 중에 몰아냈을까요? 미국의 역사학자인 H. W. 브랜즈(H. W. Brands) 텍사스대학 교수는 《장군 대 대통령(The General vs. the President)》이라는 저서를 통해 그 이유를 다음과 같이 분석했습니다.

"한국전에 중공군이 개입하자 맥아더는 핵폭탄을 터뜨리자고 주장했다. 히로시마와 나가사키에 원자 폭탄을 터뜨려 일본을 항복시켰듯이 중국에도 치명적인 살상 무기를 사용하자고 목소리를 높였다. 트루먼 대통령은 맥아

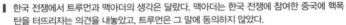

▌ 한국 전쟁에서 트루먼과 맥아더의 생각은 달랐다. 맥아더는 한국 전쟁에 참여한 중국에 핵폭탄을 터뜨리자는 의견을 내놓았고, 트루먼은 그 말에 동의하지 않았다.

더의 말에 동의하지 않았다. 트루먼은 일본에 떨어뜨린 원자 폭탄으로 인해 국제적으로 비난을 받는 상황에서 중국에 핵폭탄을 터뜨리는 일에 부담을 느꼈고, 또 소련이 개입해 제3차 세계 대전이 일어날 것으로 판단했다."

트루먼 대통령은 한국 전쟁의 목표를 북한 점령을 통한 '한반도 통일'이 아니라 '협상을 통한 평화'로 수정했어요. 맥아더가 해임된 뒤에도 한국 전쟁은 2년이 넘도록 계속됐습니다. 1953년 7월 27일 국제연합군 총사령관, 북한군 최고사령관, 중공인민지원군 사령관이 **판문점**에서 만나 서로 모든 군사 행동을 중단하는 정전 협정을 맺었고, 이로써 한국 전쟁은 끝이 났습니다. 한국 전쟁은 승자도 패자도 없이 휴전됐고, 남북의 분단 상태는 지금까지도 지속되고 있어요.

중국과 옛 소련으로 달려간 북한

북한은 한국 전쟁이 끝난 뒤에 핵무기의 필요성을 절감한 것으로 보입니다. 북한은 한국 전쟁 내내 핵무기로 공격을 받아 한순간에 패전할지도 모른다는 공포에 떨었기 때문이지요. 북한 핵 문제가 국제 사회에서 중요한 이슈로 떠오른 것은 1989년의 일입니다. 하지만 김일성 당시 북한 주석은 한국 전쟁 직후에 핵무기에 큰 관심을 보였고, 1960년대에는 핵무기를 갖고 싶다고 공개 석상에서 언급하기까지 했어요.

북한은 1954년에 인민군을 다시 편성하면서 인민군 내에 '핵무기 방위 부문'을 설치했습니다. 또한 1956년에 30여 명의 물리학자를 옛 소련의 드부나 핵연구소에 파견했어요. 김일성 대학과 김책 공과대학에는 핵 연구소까지 만들었어요. 북한과 옛 소련은 1959년에 원자력이용협정을 체결했지요.

돈 오버도퍼 전 워싱턴 포스트 기자가 쓴 《두 개의 한국(Two Koreas)》에 따르면 북한의 김일성 주석은 중국 공산당의 아버지 마오쩌둥에게 두 번에 걸쳐 북한과 중국이 핵무기 제조 기술을 함께 이용하자고 제안했어요. 하지만 마오쩌둥은 김일성의 요청을 두 번 모두 거절했어요.

북한은 중국의 협력을 얻어 쉽게 핵무기를 개발할 수 없게 되자 독자적으

집중탐구 상호확증파괴(Mutual Assured Destruction)

미국과 옛 소련이 사용했던 핵무기 전략이다. 이것은 상대방이 핵무기로 공격했을 때에 자국의 핵무기가 모두 파괴되는 게 아니기 때문에 남아 있는 자국의 핵무기로 상대국에 핵 공격을 할 수 있는 상황을 의미한다. 이렇게 핵무기를 가진 국가가 서로 핵 공격을 주고받으면 모두가 막대한 피해를 보게 된다. 이런 이유로 핵무기를 가진 나라끼리는 전쟁하지 않는 억지력이 생긴다는 게 상호확증파괴 개념이다.

로 핵무기를 만들겠다고 마음먹었어요. 하지만 핵무기를 만들 수 있는 기본 시설이 없었기에 북한은 옛 소련에 매달리기 시작했어요.

옛 소련은 1964년에 북한이 처음으로 원자로를 설치하는 것을 도와주었고, 1965년 6월 북한에 IRT-2000 원자로를 보내 주었어요. 북한은 이 원자로를 이용해 의료용, 산업용, 연구용 방사성 동위원소를 만들어 냈어요. 하지만 이 정도의 연구와 기술로는 핵무기를 만들 수 없었어요. 즉 플루토늄

집중탐구 냉전

제2차 세계 대전은 서로 상이한 체제를 신봉하는 두 강대국, 미국과 옛 소련이 한편이 되어 싸운 매우 특이한 전쟁이었다. 그러나 미소 동맹 체제는 전쟁의 역학 관계에 따른 일시적인 것이었으며 종전과 더불어 필연적으로 붕괴할 운명에 있었다. 1948년까지 옛 소련은 소련 군대에 의해 해방된 동유럽의 국가에 공산 정부들을 세웠다. 독일이나 다른 서방 국가들로부터의 군사적 위협에 대비하는 한편, 동유럽에서의 영향력을 확대하는 것이 목표였다. 또한 이를 통해 공산주의와 소련의 체제를 세계적으로 확산시키고자 했다.
이에 대응하여 미국은 마셜 플랜을 통해 서유럽을 영향권 안에 두려고 했고, 그 결과 유럽은 적대적인 두 진영으로 나뉘었다. 아시아에서는 막 일본으로부터 독립한 한국이 남북으로 나뉘어 각각에 미국과 소련의 대리 정부가 들어섰다. 미국-소련을 축으로 하는 전후의 이런 대치 상태를 우리는 보통 '냉전'이라고 부른다.
- 《미국사 다이제스트 100》, 유종선, 가람기획, 2012년 10월

핵무기는 총, 폭탄, 대포 등 기존 무기와는 비교할 수 없을 정도로 엄청난 위력을 가진 대량파괴무기다. 하지만 핵무기는 어찌 보면 자국을 지킬 수 있는 가장 효율적인 무기이기도 하다. 그렇다면 북한을 비롯해 자국을 보위할 시급한 필요가 있는 나라에게 핵무기를 폐기하도록 요구하는 것은 과연 정당한 것일까?

찬성 근거

- 핵무기를 가진 나라는 언젠가 핵무기를 실제로 사용할 가능성이 있다.
- 핵폭탄이 터지면 전쟁하는 군인뿐 아니라 민간인 모두는 물론이고 그 밖의 피해는 상상을 초월한다.
- 핵무기를 전쟁 억지 수단으로만 보유할 것이라고 생각하는 것은 매우 순진한 생각이다.
- 핵무기 사용은 대통령 등 최고 결정권자와 그의 측근 몇 사람이 결정하는 것이어서 대단히 비민주적 결정에 노출되어 있다.
- 많은 나라가 핵무기를 못 만드는 것이 아니라 안 만드는 것이다.

반대 근거

- 핵무기는 전쟁이 나지 않도록 하는 효과가 있다. 핵무기를 가진 나라끼리 전쟁했다가는 서로 다 죽는다는 것을 알기 때문에 전쟁을 하지 않는다.
- 핵무기뿐 아니라 사람을 죽이는 다른 첨단 무기가 끊임없이 개발되고 있다. 핵무기만 나쁜 것은 아니다.
- 핵무기 보유국은 비 보유국에 필요할 경우 전쟁 억지력을 사용하도록 '핵우산'을 제공한다.
- 핵무기의 소형화로 민간인에게 피해가 가지 않도록 극히 제한적으로 사용할 수 있다.

▌ 김일성 주석은 북한의 핵무기 개발을 오랫동안 지속적으로
추진해 온 인물이다.

을 생산해 낼 수 있는 **원자로**를 만들 수 없었지요.

이때부터 북한은 공개적으로 핵무기를 갖고 싶다고 했어요. 김일성 주석은 1965년 10월 노동당 도당위원장과 군단장 회의에서 "불원간에(머지않아) 핵무기를 보유할 수 있다."고 말했습니다.

김일성 주석은 또 1967년에 민족 보위성 지휘관급 회의에서 "우리가 원자탄을 생산하게 됐다. 미국이 원자탄을 사용하면 우리도 사용할 수 있다."고 큰소리를 쳤어요.

그리고 북한은 과학자들을 해외에 적극적으로 파견해 핵 기술을 배우도록 했어요. 지난 1970년대부터 1980년대까지만 해도 국제적인 핵 기술 통제 시스템이 제대로 마련되지 않은 상태였거든요. 그래서 북한 과학자가 오스트리아 빈에서 열린 국제 학술회의에서 플루토늄을 만드는 원자로를 직접 설계한 벨기에 과학자들과 만나 그 기술에 관해 구체적으로 설명을 듣기도 했지요.

이는 미국의 시사 잡지 《애틀랜틱》이 보도했던 내용이에요. 북한은 미국의 개입으로 남한의 적화 통일에 실패했기 때문에, 그런 미국에 맞서려면 반드시 핵무기를 보유해야 한다고 본 것이었지요.

간추려 보기

- 북한은 핵무기를 보유한 미국 때문에 남한의 적화통일을 이루어 낼 수 없다고 보았고, 핵무기가 결정적 패인이 될 수 있다고 보아, 한국 전쟁이 끝난 1950년대 후반부터 핵무기 개발에 관심을 보였다.
- 일본 히로시마와 나가사키에 핵폭탄을 떨어뜨렸던 B-29 전략 폭격기가 한국 전쟁 중에 일본 등에 대기하면서 북한과 중국에 핵무기 공격을 하려고 준비했었다.
- 한국 전쟁 당시에 해리 트루먼 미국 대통령과 더글러스 맥아더 극동군 사령관은 북한을 넘어 중국까지 공격하는 문제를 놓고 대립했다.
- 트루먼 대통령은 중국 공격을 주장하던 맥아더 사령관을 전격적으로 쫓아냈다.
- 트루먼 대통령은 제3차 세계 대전이 발발하는 사태 등을 우려해 핵폭탄을 사용하지 않았다.
- 북한은 옛 소련 등의 도움을 받아 1960년대부터 핵무기 개발 연구를 본격적으로 시작했다.

4
CHAPTER

국제 사회와 북한의 숨바꼭질

국제 사회는 비밀리에 핵무기를 개발하는 북한 때문에 큰 골치를 앓았어요. 국제 사
회는 북한을 끊임없이 압박했지만 북한은 호시탐탐 핵무기 개발에 전념했지요. 특히,
북한은 미국과 마치 숨바꼭질을 하듯이 미국의 제재를 교묘히 피해 가면서 핵무기와
미사일 개발에 성공했어요.

북한은 먼저 플루토늄을 사용하는 핵무기 개발을 시작했어요. 북한은 1962년에 미국과 옛 소련이 핵전쟁 일보 직전까지 간 쿠바 미사일 사태를 지켜보면서 반드시 핵무기를 개발해야겠다는 결심을 굳혔다고 전문가들은 분석하고 있어요.

북한은 1980년 영국 매그녹스(Magnox) 원자로를 그대로 본뜬 **흑연** 감속 원자로인 5메가와트 원자로 건설을 시작했습니다. 북한은 1986년에 영변 핵복합단지에 있는 이 5메가와트 원자로를 본격적으로 가동했어요. 국제 사회는 북한의 이런 움직임에 크게 신경을 쓰지 않았죠. 한마디로 북한의 원자력 기술을 무시했던 거예요.

그러나 이 5메가와트 원자로가 북한이 핵무기를 생산할 수 있는 핵심 시설이 됐어요. 이 원자로에는 약 50톤가량의 핵연료봉 8,000개가량이 들어갑니다. 이 연료봉을 약 2년에서 2년 반 동안 사용한 뒤에 이를 꺼내서 수조(물항아리)에 보관해요. 이것이 바로 사용후연료봉이라는 것입니다.

이 사용후연료봉에서 핵폭탄 원료인 플루토늄을 꺼내게 됩니다. 플루토늄을 꺼내려면 재처리 과정이 필요하고, 이때 사용되는 시설이 재처리 시설입니다. 북한은 1990년대 초에 영변에 재처리 시설인 '방사화학실험실'을 건설

했어요. 북한은 1994년 미국과 제네바합의를 체결하고, 이 원자로와 방사화학실험실 운영을 일시적으로 하지 않기 않기로 합의했어요. 이때까지 북한은 매년 10kg가량의 플루토늄을 만들어 냈다고 국제원자력기구(IAEA)는 분석했습니다.

북한은 북미 제네바합의에 따라 1994년부터 2003년까지 5메가와트 원자로 가동을 중단하고, 50메가와트와 200메가와트 원자로 건설 작업도 중단했어요. 하지만 2003년에 북미 제네바합의가 깨져 북한이 다시 5메가와트 원자로를 가동했어요.

그 후 북한 핵 문제 해결을 위해 한국, 미국, 북한, 중국, 일본, 러시아 등 6개국이 참여하는 6자 회담에 북한도 응했습니다. 북한은 6자 회담 합의에

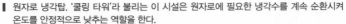

▌ 원자로 냉각탑. '쿨링 타워'라 불리는 이 시설은 원자로에 필요한 냉각수를 계속 순환시켜 온도를 안정적으로 낮추는 역할을 한다.

따라 2008년에는 5메가와트 원자로의 냉각탑을 폭파하기도 했어요. 하지만 이것은 상징적인 **조치**에 불과한 것이었지요.

6자 회담은 2013년 4월에 깨졌어요. 북한은 이때부터 다시 5메가와트 원자로를 가동했지만, 이 시설은 낡은 상태였어요. 미국이 **정찰 위성**을 통해 관찰한 바에 따르면 북한은 이 원자로를 가동했다가 중단하고, 다시 가동하기를 반복하고 있었어요.

북한은 2009년에 우라늄 농축 시설과 함께 25~30메가와트 규모의 원자로를 신설하겠다고 발표했습니다. 이 새 원자로의 외관 공사는 2014년 초에 끝났지만, 이것이 실제로 가동되고 있는지는 확인되지 않고 있어요. 하지만 미국의 전미북한문제위원회(NCNK) 보고서에 따르면, 북한은 1년에 20kg가량의 플루토늄을 생산하고 있지요.

고농축 우라늄(HEU)을 이용한 핵 개발

전미북한위원회에 따르면, 북한은 1990년대 중반 또는 그 이후에 '파키스탄 핵무기의 아버지'로 불리는 압둘 카디르 칸(A. Q. Khan) 박사의 네트워크를 이용해 고농축 우라늄을 이용한 핵무기 기술을 배우기 시작했어요. 북한은 1994년 제네바합의에 따라 플루토늄을 이용한 핵 개발을 일시적으로 중단했어요. 그러나 이때부터 우라늄을 이용한 핵 개발을 시작한 것으로 보입니다.

미국 정보기관은 1990년대 후반부터 북한이 우라늄을 이용해 극비리에 핵무기 개발을 시도하고 있다는 정보를 얻었어요. 미국은 정찰 위성 등을 통해 북한의 움직임을 감시하면서 6자 회담 등에서 북한 측에 우라늄을 이용한 핵무기 개발 의혹을 제기했죠. 북한은 처음에는 단호히 그런 일이 없다고 펄쩍 뛰었어요.

2002년 10월 3일 미국 국무부의 제임스 켈리 동아태 **차관보**가 이끄는 미국 대표단이 북한을 방문했어요. 켈리 일행과 북한 정부 당국자들은 우라늄 문제로 크게 다퉜습니다. 북한 대표단은 10월 4일 아침, 켈리 대표단에게 "우라늄 핵 개발은 물론이고, 그것보다 더 무서운 것도 가지고 있다."고 큰소리를 쳤습니다.

그로부터 2주일이 지난 뒤, 미국과 한국은 북한이 우라늄을 이용한 핵 개발 사실을 공식적으로 인정했다고 발표했어요. 그러나 북한은 그런 말을 한 적이 없다고 강하게 부인했어요.

북한은 드디어 2009년 제2차 핵실험을 단행한 뒤 핵무기를 만들기 위한 우라늄 농축 사실을 공식적으로 인정했어요. 미국 대표단은 2010년 북한을 방문해 영변에 새로 지어진 우라늄 농축 시설을 확인했습니다.

현재 국제 사회에서 북한 핵무기에 대한 우려는 플루토늄보다 우라늄에

▍ 우라늄. 천연으로 존재하는, 가장 무거운 방사성 원소이다. 질량수 235와 233인 우라늄은 핵 원료로 사용하며, 질량수 235인 우라늄의 함량을 높인 것을 농축 우라늄이라고 한다.

생각해 보기

북한은 1994년에 미국과 제네바합의를 체결하면서 핵무기 개발을 중단하기로 했어요. 그런 북한이 플루토늄이 아니라 우라늄을 이용한 핵무기 개발을 비밀리에 추진했어요. 그러니 앞으로 북한과 다시 핵무기 개발 중단 또는 폐기 합의를 이끌어 내도 북한이 이것을 충실하게 이행한다고 믿을 수 있을까요? 그렇게 북한을 믿을 수 없다면 어떻게 합의한 사항을 지키도록 보장받을 수 있을까요?

초점이 맞춰져 있어요. 전 세계 우라늄 **매장량**은 4,000만 톤으로 추정되는데 이 중 2,600만 톤이 북한에 매장돼 있어요. 북한이 당장 캐낼 수 있는 우라늄의 양은 자그마치 400만 톤에 이릅니다. 북한은 원하면 얼마든지 핵물질 원료를 확보할 수 있어요.

북한이 운영하는 원심분리기는 약 180평 정도의 땅에 설치할 수 있어요. 그러니 이런 시설을 어디에 지었는지 찾아내기도 어려워요. 그런데 플루토늄 시설은 이보다 훨씬 더 크기 때문에 북한이 비밀리에 플루토늄 시설을 운영할 수는 없습니다.

핵무기를 반대했던 북한

북한은 한국 전쟁 이후부터 핵무기 개발에 큰 관심을 보였으나 겉으로는 이런 생각을 드러내지 않았어요. 오히려 국제 사회의 핵무기 개발에 반대하는 등 비핵화에 더 큰 관심을 보였어요. 1974년 7월에 국제원자력기구에 가

국제원자력기구(IAEA)는 세계 각 국의 원자력 이용 문제를 관리하고 감독하는 국제기관이다.

입하기도 했지요. 국제원자력기구, 즉 IAEA는 세계 각국의 원자력 이용 문제를 관리하고, 감독하는 국제기관입니다. 북한이 IAEA에 가입했다는 것은 원자력 이용에 관한 국제적인 감시를 받겠다는 뜻이지요. 북한은 1989년부터 1991년까지 IAEA의 이사국으로서 세계적인 원자력 감시 활동에 적극적으로 참여했어요.

북한은 1980년대까지 줄곧 미국과 핵무기에 반대한다는 '반미, 반핵' 운동을 했어요. 그 당시에 미국은 한국에 전술핵무기를 배치해 두고 있었기 때문이지요. 1958년 한국에 전술핵무기를 처음 들여왔고, 1960년대 후반에는 핵탄두 950기를 한국에 배치했지요. 미국은 1991년 남한과 북한이 '한반도의 비핵화에 관한 공동선언'에 합의하자, 한국에 있던 핵무기를 모두 철수시켰어요.

북한은 1985년에는 핵확산금지조약, 즉 NPT에도 가입했습니다. 이 조약에 가입하는 국가는 18개월 이내에 국제원자력기구와 핵안전협정을 체결하고, 이 기구가 실시하는 핵 사찰을 받아야 할 의무가 있어요.

그런데도 북한은 IAEA와 핵안전협정을 맺지 않겠다고 버텼어요. 북한은 IAEA의 핵 사찰을 받지 않으려고 했던 것입니다. 북한의 이러한 수상한 행동으로 인해 즉각 국제 사회가 북한에 압력을 가했어요. 특히 자국 외의 핵무기 확산을 막는 데 관심이 많은 미국이 팔을 걷어붙이고 나섰습니다.

미국은 1989년 1월에 북한을 A급 감시 지역으로 지정했어요. 미국은 정찰위성을 통해 북한의 핵시설이 건설된 영변 지역을 집중적으로 감시했습니다. 미국은 1989년 7월에 북한 영변에 핵무기 제조 원료로 사용되는 플루토늄을 만드는 '재처리 시설(방사화학실험실)'이 있다고 발표했어요.

미국은 프랑스의 상업용 정찰 위성 스폿(SPOT)이 찍은 영변 핵시설 단지 사진을 일본의 동해대학 정보기술센터에 보내서 이를 분석하도록 했습니다. 동해대학 정보기술센터는 1990년 2월 7일 북한이 건설하고 있던 원자력발전소와 재처리 시설 사진을 공개했어요. 국제 사회는 이 사진 등을 근거로 북한이 원자력을 이용한 전력 생산이 아니라 핵무기 개발을 하고 있다고 확신하게 됐어요. 이로써 북한의 핵 문제가 국제 사회의 중요한 이슈로 떠올랐어요.

제1차 북한 핵 위기

북한은 1992년 1월 IAEA와 핵안전협정에 서명했어요. 북한은 그해 5월에는 오스트리아 빈에 있는 IAEA 사무국에 모두 16개의 핵 시설이 있다고 신고했습니다. IAEA는 1992년 5월 25일부터 6월 5일까지 북한의 핵 시설을 대상으로 제1차 임시 사찰을 했어요.

IAEA는 그 이후 모두 여섯 번 북한에서 임시 사찰과 일반 사찰을 했지요.

이때 드디어 심각한 문제가 드러났습니다. 북한은 IAEA에 낸 최초 보고서에서 1990년 3월 5메가와트 원자로에서 딱 한 번, 사용후연료봉을 꺼내 방

집중탐구 NPT와 IAEA

NPT는 1968년 유엔 총회에서 채택돼 1970년에 발효된 국제적인 조약이다. 이 조약은 1967년 1월 1일을 기준으로 핵무기를 갖고 있지 않은 나라는 핵무기를 만들지 못하도록 했다. 또 그때까지 핵무기를 가지고 있는 나라는 핵무기를 줄여 나가도록 했다.

그러나 이 조약은 출발부터 핵보유국과 비 보유국 간 불평등을 인정하는 문제점을 안고 있다. 이 조약은 유엔 안보리의 5대 상임이사국이자 핵보유국인 미국, 중국, 러시아, 영국, 프랑스가 핵무기 보유의 기득권 체제를 지키려고 만들었다는 비판을 받았다. 이런 문제점에도 이 조약이 핵무기 확산을 막는 데 일정 부분 기여하고 있다는 평가를 받고 있다.

한국은 1975년 4월 23일 세계에서 86번째로 NPT에 가입했다. 북한은 1985년 12월 12일 NPT에 가입했다가 1993년 3월 12일 탈퇴했다고 주장한다.

NPT에 가입하면 18개월 이내에 국제원자력기구(IAEA)와 '핵안전협정'을 체결해야 한다. IAEA는 원자력의 평화적 이용과 관리를 목적으로 1957년에 만들어진 국제기구다. IAEA는 핵무기를 보유하지 않고 있는 국가들이 핵무기를 만드는지 감시한다. 핵무기 비 보유국이 핵연료를 어떻게 관리하고 있는지 직접 그 나라의 원자력 시설 단지를 방문해서 조사하는 '직접 사찰'을 한다.

한국은 1957년 IAEA 창설 회원국으로 가입했다. 북한은 1974년에 IAEA에 가입했다가 1994년 6월에 탈퇴 선언을 했다.

생각해 보기

북한이 IAEA 핵안전협정에 가입하는 등 비핵화에 앞장섰다가 갑자기 NPT 탈퇴 선언을 하는 등 태도를 바꾼 이유는 뭘까요?

사화학실험실이라는 재처리 시설에서 플루토늄을 뽑아냈고, 그 양은 90g이라고 신고했어요.

그러나 IAEA의 **사찰** 팀이 북한에 들어가서 조사했더니 북한은 1989년, 1990년, 1991년 등 최소한 3번 사용후연료봉을 재처리해서 플루토늄을 꺼냈고, 그 양이 몇 kg 단위에 이른다고 밝혀 낸 거지요. IAEA는 북한이 신고하지 않은 두 개의 시설에 대한 특별 사찰이 필요하다며 북한에게 사찰을 받아들이라고 요구했어요.

북한은 두 개의 시설이 군사 시설이라며 특별 사찰을 받을 수 없다고 맞섰습니다. IAEA도 북한의 특별 사찰 수용을 요구하는 결의안을 채택해 북한을 압박했지요. 북한은 급기야 1993년 3월 12일 오전 10시 50분에 NPT를 탈퇴한다고 선언했습니다.

한국, 미국 등 세계 주요 국가와 IAEA 등은 북한의 NPT 탈퇴 선언에 깜짝 놀랐어요. 국제 사회는 이 탈퇴 선언을 다시 거둬들이라고 요구했죠. 그러나 북한은 탈퇴를 위한 법적 절차를 밟아 나갔어요. 이런 과정을 거쳐 제1차 북한 핵 위기가 찾아왔어요.

미국의 북한 폭격 계획과 카터의 방북

북한의 핵미사일 문제를 해결할 수 있는 방법으로 '선제 타격' 얘기가 나오고 있습니다. 핵과 미사일 기지를 '외과수술식 정밀 폭격(surgical strike)'으로 완전히 도려내자는 것이지요. **외과 의사**가 환자의 병든 부분만을 수술로 도려내듯이 상대방의 핵심 시설이나 기지를 정밀하게 폭격하자는 주장입니다.

북한이 영변 원자로에서 사용후연료봉을 꺼내서 핵무기 원료인 플루토늄을 만들려 하자 1994년 초 빌 클린턴 당시 미국 대통령 정부가 북한의 영변핵 시설을 외과수술식 정밀 폭격으로 공격하려고 계획을 세웠어요. 그 당시미국의 윌리엄 페리 국방장관이 이 계획을 마련했습니다. 훗날 페리 장관은 "재래식 크루즈(순항) 미사일로 북한 핵 시설을 공격하려 했다."고 밝혔어요. 북한으로서는 상당히 위협적인 발언이었지요.

당시 한국의 김영삼 대통령은 미국의 이 계획에 강력하게 반대했습니다. 공격을 받은 북한이 장사정포로 한국에 보복을 가하면 한국에서 수많은 희생자가 나오고, 제2의 한국 전쟁이 일어날 수 있다는 게 한국이 반대한 가장큰 이유였습니다.

한반도가 전쟁의 먹구름에 뒤덮이자 지미 카터 전 미국 대통령이 해결사로 나섰습니다. 카터는 클린턴 당시 미국 대통령의 허가도 받지 않은 채 판문점을 거쳐 평양으로 가서, 1994년 6월 김일성 당시 주석과 만났어요. 카터전 미국 대통령은 평양에서의 회견을 통해 김일성 주석과 핵 시설 동결, 핵사찰 재개, 남북정상회담 추진, 북한과 미국 간 고위급 회담 재개 등에 합의했다고 발표했습니다.

카터 전 미국 대통령과 김일성 주석의 회담으로 한반도에서 핵전쟁의 위기가 해소됐어요. 그해 8월 미국과 북한은 고위급 회담을 다시 열었고, 그 뒤 10월 스위스에서 북미제네바기본합의서가 체결되어 1차 북한 핵 위기가 해소됐어요.

짧은 성공과 긴 실패, 북미 제네바합의

유엔 안보리는 국제 사회에서 유일하게 법적으로 힘이 있는 결정을 내릴 수 있는 기관입니다. 여기에는 유엔 안보리가 결정을 내리면 세계 각국이 결정된 사안에 대하여 준수해야 한다는 뜻을 담고 있습니다. 유엔 안보리는 1993년 4월 6일 북한 문제를 논의하기 위한 회의를 열었어요. 이 회의에 한스 블릭스 IAEA 사무총장이 나와서 북한 문제에 관해 보고했습니다.

유엔 안보리는 1993년 4월 8일 의장 성명을, 5월 11일에는 결의안을 채택해서 북한에 다시 NPT에 복귀하라고 요구했어요. 북한은 유엔 안보리가 결의안을 채택하는 것은 북한의 내정에 간섭하는 것이고, 북한의 **주권**을 침해하는 행위라고 반발했습니다.

생각해 보기

북미제네바기본합의서는 국제법적으로 성격이 애매했어요. 이 합의서는 국제적인 조약이 아니어서 어느 한쪽이 이 합의를 깨도 어떻게 할 도리가 없었습니다. 앞으로 국제 사회가 북한과 이런 합의서를 만들려면 이 합의를 깨지 못하도록 어떠한 장치를 해 놓아야 할까요?

하지만 북한은 미국과 1대 1로 직접 대화를 하는 것에 대해서는 지대한 관심을 보였어요. 북한과 미국의 정부 대표는 중국의 베이징에서 5월 5일과 10일 두 차례 만나 북한과 미국이 고위급 회담을 열기로 약속했어요.

미국은 북한 핵 문제를 서둘러 해결하려고 북한과 직접 대화를 하는 데 동의했어요. 북한은 미국과 1대 1로 직접 대화함으로써 한국을 제치고, 미국과 맞상대하려고 해왔어요. 그렇게 미국과 북한의 이해가 맞아떨어져, 북미 고위급 회담을 열기로 의견이 모인 것이지요. 이러한 행위는 남한에 대한 기본적인 예의가 갖추어져 있지 않은 것이라고 할 수 있어요.

드디어 '북미제네바기본합의서'가 만들어져 1993년 10월 21일 북한과 미국이 서명하고, 그 내용을 발표했습니다. 북한과 미국은 이렇게 합의했어요.

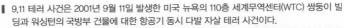

▌ 9.11 테러 사건은 2001년 9월 11일 발생한 미국 뉴욕의 110층 세계무역센터(WTC) 쌍둥이 빌딩과 워싱턴의 국방부 건물에 대한 항공기 동시 다발 자살 테러 사건이다.

- 북한이 플루토늄을 생산할 수 있는 '흑연감속원자로'를 (플루토늄을 꺼내기가 좀 더 어려운) 경수로 발전소로 대체한다.
- 북한은 핵 활동을 즉각 중단하고, 관련 시설을 해체한다.
- 경수로 건설 기간에 사용후연료봉은 재처리하지 않고, 나중에 제3국으로 이전한다.
- 북한은 NPT에 복귀하고, 임시 사찰과 특별 사찰을 받는다.
- 미국은 북한에 중유를 준다.
- 북한은 한반도비핵화공동선언을 이행하고, 남북대화를 한다.

집중탐구 **한반도 비핵화에 관한 공동선언**

남북한은 핵 문제 해결을 위한 고위급 회담을 통해 '한반도 비핵화에 관한 공동선언'에 합의하고, 이를 1992년 1월 20일 발표했다. 주요 내용은 다음과 같다.

- 남과 북은 핵무기의 시험, 제조, 생산, 접수, 보유, 저장, 배비(배치) 등을 하지 않는다.
- 남과 북은 핵에너지를 오직 평화적 목적에만 사용한다.
- 남과 북은 핵 재처리시설과 우라늄농축시설을 보유하지 않는다.
- 남과 북은 한반도의 비핵화를 검증하기 위하여 상대측이 선정하고, 쌍방이 합의하는 대상들에 대해 사찰을 실시한다.

한국, 미국, 일본은 이 합의에 따라 북한에 경수로를 지어 주려고 한반도 에너지개발기구(KEDO)를 만들어 1996년에 북한 신포 지구에서 경수로 건설 작업을 시작했어요. 하지만 2001년 9월 11일 미국에서 9.11 테러가 발생했어

미국처럼 핵무기를 가진 국가들이 북한과 같은 나라가 핵무기를 갖지 못하도록 하는 것은 불공평하고, 위선적인 것인가?

찬성 근거
• 공식적인 핵무기 보유국인 미국, 중국, 러시아, 영국, 프랑스 이외에도 인도, 파키스탄, 이스라엘이 이미 핵무기를 가졌기 때문에 북한에만 핵무기를 갖지 못하도록 하는 것은 부당하다.
• 북한이 핵무기를 가지지 못하도록 하려면 미국 등 핵무기 보유국이 먼저 핵무기를 폐기하는 노력을 해야 한다.
• 모든 나라가 핵무기를 없애기 전까지는 다른 나라의 핵무기 개발을 반대할 수 있는 정당성을 확보하기 어렵다.

반대 근거
• 북한은 핵무기 개발을 함으로써 국제 사회에서 핵무기를 줄이거나 없애려는 움직임을 방해하고 있다.
• 북한이 핵무기를 가지면 한국, 일본, 대만 등 다른 나라들도 핵무기를 가지려 할 것이다.
• 미국 등 핵무기를 가지고 있는 나라들이 북한 등에 핵무기를 갖지 못하도록 하는 것은 세계 전체의 안보 이익을 생각할 때 그나마 바람직하다.

요, 이슬람 과격 테러 단체인 알카에다가 뉴욕 세계무역센터, 미 국방부 등을 비행기로 공격해 약 3,000명가량이 사망했죠. 당시 미국의 조지 W. 부시 대통령은 이라크, 이란과 함께 북한을 세계 3대 '악의 축' 국가로 지정했어요.

북한과 미국 관계는 다시 나빠졌고, 당초 2003년까지 완공하기로 했던 북한 신포 지구의 경수로 건설 사업도 늦어졌어요. 게다가 2002년 10월 북한이 플루토늄이 아닌 우라늄을 이용한 새로운 핵무기 개발을 한다는 의혹이 불거졌고, 미국은 북한에게 **중유**를 주지 않기로 함으로써 북미제네바기본합의는 결국 깨지고 만 거죠.

- 북한은 1990년대 초반부터 5메가와트 원자로를 가동해 플루토늄을 생산했다.
- 북한은 1994년 북미제네바합의에 따라 플루토늄을 만들 수 있는 원자로 가동을 중단하기로 했다.
- 북한과 미국은 1994년 10월 제네바합의를 통해 북한의 핵 시설을 동결하기로 했고, 한국 등이 북한에 경수로를 지어 주기로 했다.
- 북한은 플루토늄으로 핵무기를 만들 수 없게 되자 고농축우라늄(HEU)을 이용한 핵무기 개발에 나섰다.
- 북한은 HEU 프로그램의 존재를 부인하다가 2002년 10월 북한을 방문한 미국 대표단과 말싸움을 하면서 이 사실을 인정했다.
- 미국은 북한이 HEU 프로그램으로 핵무기를 만드는 것은 제네바합의 위반이라며 이 합의가 깨졌다고 선언했다.
- 북한의 핵무기 개발을 일시적으로 늦출 수 있었던 제네바합의가 파기됨으로써 북한은 다시 플루토늄 및 우라늄을 이용한 핵 개발을 계속했다.

5
CHAPTER

핵미사일 강국으로 떠오른 북한

6자 회담은 북한의 핵문제를 해결하고, 한반도의 비핵화를 실현하기 위해 한국·북한·미국·중국·러시아·일본 등 6개국이 참가한 회담이에요. 6자 회담은 여섯 차례에 걸쳐 열렸지만 북한은 6자 회담을 깨고, 원자 폭탄보다 더 치명적인 수소 폭탄 실험과 EMP탄, ICBM을 개발하는 등 기술력을 더욱 보강하고 있어요.

북한의 농축 우라늄을 이용한 핵무기 개발과 미국의 북한에 대한 중유 공급 중단으로 인해 북한과 미국은 제네바합의가 깨진 책임을 상대방에게 떠넘겼어요. 특히 북한은 다시 한 번 핵무기확산금지조약(NPT) 탈퇴를 선언하고, 국제원자력기구(IAEA)의 사찰단을 북한에서 쫓아냈습니다. 이로써 제2차 북한 핵 위기가 시작됐어요.

이때 중국이 **중재자**로 나섰습니다. 중국은 2003년 4월 북한과 미국 정부 대표를 베이징으로 초청해 북한-미국-중국 간 3자 회담을 열었어요. 이 3개국 모임에 한국, 일본, 러시아가 참여해 북한 핵 문제 논의를 위한 6자 회담이 이루어졌습니다.

6자 회담은 2003년 8월 중국 베이징에서 처음으로 열렸고, 2007년 9월까지 모두 여섯 번 열렸어요. 이 여섯 번의 회담 중 제4차 회담에서 가장 중요한 합의 사항이 나왔어요. 그해 9월 19일에 '9.19 공동성명'이 나왔습니다.

9.19 공동성명의 중요 내용은 다음과 같습니다.

1. 북한은 NPT와 IAEA의 안전 협정 체제로 돌아온다.

2. 미국은 핵무기 또는 재래식 무기로 북한을 공격하지 않는다.

3. 미국은 북한의 주권을 존중하고, 북한과 평화적으로 공존한다.

4. 한국은 핵무기를 반입배치하지 않기로 한 약속을 재확인한다.

5. 북한에 200만 킬로와트의 전력을 제공한다.

그러나 9.19 성명은 이것을 실천하는 과정에서 곧바로 어려움에 부닥치게 됐어요. 북한에 전력을 제공하는 경수로를 언제까지 지어 줄 것인지 그 완공 시점을 놓고 갈등이 생겼어요. 또 북한이 마카오에 있는 방코델타아시아은 행(BDA)을 통해 **돈세탁**을 한 사실이 불거졌고, 미국이 BDA에 대해 제재를 했습니다. 북한은 이 은행에 들어 있는 2,500만 달러의 돈을 찾을 수 없게 되

┃ 북한은 유엔 안보리의 압박에도 끊임없이 미사일 발사 실험에 온 힘을 다 기울이고 있다.

었고, 북한은 이 사실에 대해 강력하게 반발했어요.

북한과 미국의 사이가 나빠졌지만 6자 회담의 제5차 회담 1단계 회의가 2005년 11월, 베이징에서 열렸습니다. 그러나 북한과 미국이 말싸움만 하다가 이 회의가 끝나고 말았어요. 그러다가 1년 가까이 6자 회담이 열리지 못했어요.

북한은 그사이에 2006년 7월 5일 장거리 미사일인 대포동 미사일을 발사하는 실험을 했습니다. 북한은 이어 2006년 10월 9일에 제1차 핵실험을 실시했지요. 전 세계가 북한의 핵실험에 깜짝 놀랐습니다. 유엔 안보리는 북한에 대한 제재를 강구하는 등의 압박을 가했어요.

6자 회담 참가국들은 2006년 12월 18일 제5차 6자회담 2단계 회의를 베이징에서 열었고, 2007년 2월 8일에서 13일까지 3단계 회의를 개최했습니다. 이 제5차 6자회담 3단계 회의에서 '2.13 합의'라는 또 하나의 중요한 합의 사항이 나왔어요. 그 내용은 다음과 같습니다.

1. 북한은 영변 핵 시설을 폐쇄봉인한다.
2. 북한은 IAEA 사찰단 요원을 다시 초청한다.
3. 미국은 북한을 테러 지원국 명단에서 빼 주는 과정을 시작한다.
4. 미국은 '적성국교역법'에 따른 북한에 대한 제재를 끝내는 조처를 한다.

6자 회담 제6차 1단계 회담은 2007년 3월에 열렸고, 그해 9월에 2단계 회의가 열렸어요. 미국은 그사이에 BDA 은행에 대한 제재를 풀어 주었죠. 북한도 2008년 6월 27일 핵 활동을 중단하는 상징적인 조처로 영변 원자로 냉각탑을 폭파했어요. 미국은 적성국교역법에 따른 북한에 대한 **제재**를 풀어 주었고, 북한을 테러 지원국 명단에서 뺐어요.

2008년 하반기에도 6자회담 수석 대표 회의가 두 번 열렸으나 북한의 핵 활동 신고 내용에 대한 견해 차이로 인해 이렇다 할 진전을 보지는 못했습니다. 북한은 급기야 2009년 4월에 장거리 로켓을 발사했고, 5월에는 제2차 핵 실험을 했어요.

유엔 안보리가 다시 북한을 제재했고, 북한은 이에 반발해 2009년 7월 6자 회담에 참여하지 않겠다고 선언했습니다. 그 후 6자 회담은 열리지 못했죠.

북한의 계속되는 핵실험

북한은 2017년 9월 3일 오후 12시 30분쯤 제6차 핵실험을 했습니다. 북한은 그날 오후 '수소탄' 실험에 성공했다고 발표했어요. 북한이 핵실험을 한 장소는 함경북도 길주군 풍계리입니다.

한국 기상청은 풍계리 일대에서 진도 5.7 규모의 인공 지진이 발생했다고 발표했죠. 그러나 미국 지질 조사국과 중국 지진국은 지진 규모가 6.3이라고 한국보다 높게 잡았습니다. 일본 기상청은 지진 규모를 6.1이라고 했어요.

한국 등이 북한의 수소 폭탄 실험 주장을 처음에는 믿지 않았으나 나중에 여러 가지로 분석을 해보고 나서 수속 폭탄 실험을 한 게 맞다는 쪽으로 의견을 모았습니다. 미국도 한국과 마찬가지로 북한의 수소 폭탄 실험 사실을 인정했어요.

수소 폭탄은 원자 폭탄보다 폭발력이 수십 배에서 수백 배에 달합니다. 북한이 수소 폭탄을 가졌다면 이것은 한반도의 안보 상황이 송두리째 뒤흔드는 일대 사건이 아닐 수 없어요. 북한은 핵무기 능력을 갈수록 발전시켜 미국, 중국, 러시아, 영국, 프랑스에 이어 여섯 번째 수소 폭탄 보유국이 됐습니다. 인도, 파키스탄, 이스라엘은 핵무기를 가지고 있지만 수소 폭탄을 가지고 있는 사실이 확인되지 않았어요. 북한은 핵무기 보유 수는 조금 부족할지 모르지만 핵무기 능력으로만 보면 세계 6대 핵보유국에 들어갔다고 할 수 있어요.

북한은 2006년 10월 9일 1차 핵실험을 한 이후 매번 핵실험 때마다 폭발력을 늘여 갔어요. 인공 지진 규모가 1차 핵실험에는 진도 3.9였으나 2차(2009년 5월 25일) 4.5, 3차(2013년 2월 12일) 4.9, 4차(2016년 1월 6일) 4.8, 5차(2016년 9월 9일) 5.0에 이르렀고, 6차 핵실험에서 5.7~6.3의 **진도**를 기록했어요.

북한의 6차 핵실험은 진도 규모가 5.7이라고 할 때 나가사키에 떨어진 원자 폭탄의 2~5배 수준입니다. 북한의 5차 핵실험 때 폭발력이 10킬로톤이었고, 6차 핵실험 폭발력은 50~60킬로톤, 또는 55~72킬로톤가량으로 전문가

집중탐구 핵탄두 소형화와 대기권 재진입 기술

미사일은 멀리 날아간다고 해서 무서운 무기가 되는 것은 아니다. 미사일이 멀리 날아가면서도 목표물을 정확하게 맞힐 수 있어야 한다. 대륙간탄도미사일, 즉 ICBM은 5,500km 이상을 날아가 목표물을 때리는 무기다. 만약 ICBM에 핵탄두를 매달아 멀리 있는 나라를 공격하려면 두 가지 문제를 해결해야 한다. 하나는 핵탄두 소형화이고, 또 하나는 미사일의 대기권 재진입 기술이다.

미국에서 군사 정보를 수집하는 기관인 국방정보국(DIA)은 2017년 7월에 작성한 비밀 보고서를 통해 북한이 핵탄두 소형화에 성공했다고 평가했다. 미국의 정보기관은 북한이 2017년 7월 두 번에 걸친 ICBM 미사일 시험을 통해 대기권 재진입 기술도 어느 정도 확보했을 것으로 추정했다. DIA는 특히 북한이 2017년 7월 말 기준으로 핵탄두 60개가량을 보유하고 있을 것으로 분석했다.

ICBM에 핵탄두를 매달아 날려 보내려면 핵탄두 무게를 500kg가량으로 줄여야 한다. ICBM을 보유하고 있는 나라가 소형화한 핵탄두는 미국 110kg, 러시아 255kg, 중국 600kg, 인도 500kg 등이다. 이스라엘이 가지고 있는 ICBM의 탄두 중량은 알려지지 않았다.

ICBM 개발에 성공하려면 엔진 출력, 로켓 단 분리, 유도 조종, 대기권 재진입 기술이 있어야 한다. 이 중에 가장 어려운 부분이 대기권 재진입이다. ICBM 미사일이 대기권 바깥에서 최고 속도로 날다가 다시 대기권 안으로 들어와 목표 지점으로 향해 떨어져야 한다. 대기권 밖에 있는 미사일이 다시 대기권 안으로 들어올 때는 엄청난 마찰열이 발생해서 탄두의 표면이 불규칙하게 깎여 나간다. 탄두 표면이 울퉁불퉁하게 깎여 나가면 미사일이 엉뚱한 곳에 떨어지게 된다.

들이 짐작했어요. 나가사키 원자 폭탄의 위력은 20킬로톤가량이었습니다.

수소 폭탄의 폭발력은 보통 메가톤(1메가톤 = TNT 100만 톤)에 이를 수 있어요. 북한의 6차 핵실험의 폭발력은 일반적인 수소 폭탄보다는 낮았어요. 그러나 수소 폭탄 실험을 하면서 일부러 폭발력을 낮출 수가 있기 때문에 폭발력을 기준으로 수소 폭탄이 아니었다고 할 수는 없어요.

북한이 핵실험을 하는 속도도 갈수록 빨라지고 있습니다. 지난 1~4차 핵실험까지는 북한이 한 번 핵실험을 하는 데 2~3년이 걸렸어요. 북한은 2016년 1월과 9월 두 번에 걸쳐 핵실험을 했고, 2017년 9월에 다시 6차 핵실험을 했습니다.

북한은 2006년 10월 1차 핵실험을 한 이후 약 2년 7개월 만인 2009년 5월, 2차 핵실험을 했어요. 북한은 그로부터 3년 9개월이 지난 2013년 2월, 3차 핵실험을 했고, 2년 11개월이 지난 뒤인 2016년 1월, 4차 핵실험을 했어요.

이처럼 북한의 핵실험 주기가 빨라지고 있는 것은 그만큼 핵무기 개발 능력이 높은 수준으로 발전해 가고 있고, 보다 정교한 핵무기를 만들어 가고 있다는 것을 의미해요. 미국 정보기관은 북한이 6차 핵실험을 할 당시까지 최대 60개가량의 핵폭탄을 만들어 놓고 있다고 평가했어요. 북한은 오는 2020년까지 핵폭탄을 100개가량 보유하게 될 것이라고 미국 정보기관이 분석했어요.

북한이 핵무기 개발에 몰방하는 이유

북한이 핵무기 개발에 매달리는 이유로는 남한과의 경제 격차, 한국과 미국의 대북 적대 정책, 한미 양국에 밀리는 비대칭적 군사력 등이 영향을 미쳤 북한은 미국 등과 협상하면서 '일괄타결 동시 행동' 원칙을 내세운다. 북한 핵미사일 문제를 따로 떼어서 얘기하는 것이 아니라 미국의 북한에 대한 적대 정책 포기, 북한과 미국 간 관계 개선 등 모든 문제를 놓고 한꺼번에 합의점을 찾는 게 일괄타결이다. 북한은 또한 일괄타결 한 합의 사항을 행동으로 옮길 때는 북한이 먼저 핵무기를 폐기하는 등의 앞뒤 순서를 두지 말고, 미국도 해야 할 일을 동시에 해야 한다고 주장한다.

을 수 있습니다. 한국 통계청이 발표한 '2014 북한의 주요 통계 지표'에 따르면 북한의 국민 총소득은 33조 8,000억 원으로 1,400조 원에 달하는 한국의 43분의 1 수준입니다. 북한의 1인당 국민 소득은 138만 원으로 한국이 20배 이상 높았어요. 무역 총액은 146배 차이가 나고, 북한 인구도 한국의 절반 수준입니다. 이러한 차이는 북한이 한국을 쉽게 이길 수 없을 것이라는 **낙관론**에 무게를 실어 주는 하나의 요소이기는 합니다. 하지만 이러한 점은 오히려 북한이 핵무기 개발에 올인하게 된 배경이라고도 할 수 있지요.

국제 사회는 핵무기 개발을 강행하는 북한에 대한 제재 강도를 갈수록 높여 가고 있어요. 즉 북한이 핵무기를 개발한 데 따른 혹독한 대가를 치르도록 북한 경제의 숨통을 끊어놓으려고 해요. 유엔 안보리는 북한의 6차 핵실험 이후인 2017년 9월 11일 북한에 대한 원유 공급을 30%가량 차단하고, 북한산 섬유제품 수입을 전면 금지했어요. 석유가 나지 않는 북한에 원유 공급을 완전히 끊어 버리면 북한 경제는 마비되겠지요. 그러나 중국, 러시아

중국은 북한 문제에 직간접적으로 관여하는 핵심 플레이어이자 방패막이 역할을 하고 있다.

등의 반대로 북한에 주는 경제적 고통의 수위를 조절했습니다.

미국은 유엔 안보리 제재와는 별개로 북한과 거래하는 중국 등 외국의 기업과 은행이 미국의 금융 시스템에 접근하지 못하도록 '세컨더리 보이콧'으로 불리는 독자적인 대북 제재를 하고 있어요.

중국은 북한 문제의 전개 과정에서 핵심 플레이어입니다. 북한의 대외

집중탐구 **CVID**

미국이 지난 2003년 4월 중국, 북한과 함께 3자 회담을 하면서 북한 핵 문제 해결의 원칙으로 제시한 개념이다. CVID는 Complete, Verifiable and Irreversible Dismantlement의 머리글자를 따서 만든 것이다. 이는 북한이 핵무기가 핵 프로그램을 '완전하고, 검증 가능하며, 불가역적인(다시 되돌릴 수 없는) 방법'으로 없애야 한다는 것이다. 미국은 항상 이 CVID 원칙을 북한이 받아들여야 한다고 주장하고 있다.

거래 중 90% 이상을 중국이 차지하고 있어요. 중국은 북한이 붕괴하는 것보다 핵무장한 북한이 완충 지대로 존재하는 게 더 낫다는 입장을 취합니다. 중국은 국제 사회의 대북 제재에 최소한의 수준으로 마지못해 동참하면서도 북한이 붕괴할 정도의 충격을 가하지 못하도록 방패막이 역할을 하고 있어요.

그러나 북한의 핵무기에 맞서 한국과 일본이 핵무장을 하면 중국이 상당히 위협을 받을 수 있지요. 북한의 핵무기로 인해 중국의 핵심 이익이 침해받을 수 있어 중국이 앞으로 어떤 선택을 하느냐에 따라 북한 문제의 전개 양상이 크게 달라질 수 있어요.

▎ '죽음의 백조'로 불리는 B-1B 랜서(Lancer). 미국의 전략 폭격기로 기체 내부에 각종 폭탄 및 미사일을 최대 34톤까지 장착할 수 있으며 최고 속도는 마하 1.2로 유사시 괌 기지에서 이륙해 2시간이면 한반도에 도달할 수 있다.

미국은 북한의 핵미사일 위협에 대응해 장거리 스텔스 전략 폭격기로 '죽음의 백조'라는 별명을 가진 B-1B 랜서를 한반도에 파견해 북한 인근 상공에서 비행하는 무력시위를 전개하고, **항공모함**을 한반도 인근에 집중적으로 배치하면서 한미 연합 군사 훈련을 강화하고 있어요.

북한은 이런 상황에서 무엇보다 생존 위협을 크게 받고 있다고 여겨, 핵미사일 개발에 전력투구하고 있는 것으로 보입니다.

북한이 개발한 EMP탄

북한이 개발한 무기 가운데 수소 폭탄만 무서운 것은 아닙니다. 북한이 6차 핵실험을 한 이후에 EMP탄 문제가 심각한 위험 요소로 떠올랐어요. 북한은 2017년 9월 3일 6차 핵실험을 한 다음 날, "전략적 목적에 따라 고공에서 폭발시켜 광대한 지역에 대한 초강력 EMP 공격을 할 수 있다."고 밝혔어요.

EMP탄이란 적의 무장을 단숨에 해제시키는 공격 기술과 같다고 합니다. 미국은 EMP탄을 '대량파괴무기'로 분류하고 있어요. EMP는 전자기펄스

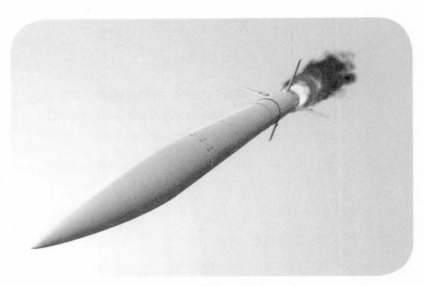

▌ 대륙간탄도미사일은 핵무기와 EMP탄을 탑재하여 미국은 물론 한국 영토를 완전히 파괴할 수 있다.

(Elctromagnetic Pulse)를 말합니다. EMP탄은 전자기펄스를 이용해 컴퓨터, 휴대 전화 등 모든 전자기기를 무력화하는 무기예요. 핵폭발을 할 때에는 강력한 에너지를 지닌 전자가 발생해요. 이 전자가 진동 운동을 통해 공기 중에 퍼지면서 전자기펄스(EMP)가 생깁니다. 이 전자기펄스가 전자기기에 들어가면 과전류 상태가 되어 모든 전자기기 회로가 타 버립니다.

지난 2015년 한국기술연구소는 북한이 100킬로톤의 핵폭탄을 서울 상공 100km에서 터뜨리면 한반도와 주변 국가의 모든 전자기기를 파괴할 수 있다는 분석 결과를 발표했어요. 북한이 핵폭탄이 터지는 지점을 상공 60~70km 정도로 낮추면 한반도 남쪽 지역에 있는 모든 전자기기를 파괴할 수 있습니다.

적대적인 국가와 대화하는 것은 좋은 전략인가?

찬성 근거
- 어떤 문제를 풀려면 상대국이 우방국이든, 적성국이든 만나서 대화해야 한다.
- 적대적인 국가와 대화하지 않으면 이 국가의 행동을 바꿀 수가 없다.
- 적대적인 국가와 대화하지 않으면 이 국가가 갈수록 더 나쁜 행동을 할 수 있다.
- 대화가 이뤄질 수 있는 전제 조건을 상대국에 요구할 수 있다.

반대 근거
- 비이성적인 행동을 하는 국가와 대화하면 이는 나쁜 행동을 용서해 주는 결과를 가져온다.
- 대화를 통해 상대국의 비위를 맞추다 보면 상대국의 버릇이 나빠진다.
- 전제 조건 없이 비이성적인 행동을 하는 국가와 대화하면 상대국의 행동을 바꿔놓을 수가 없다.
- 대화를 하면 상대국의 정통성을 인정해 주는 결과가 나온다.

북한이 대륙간탄도미사일을 이용해 미국을 공격하면서, 미국 영토 상공 400km 지점에서 핵폭탄을 터트리면 미국 전역의 전자 장비를 파괴해 미국 경제 시스템을 완전히 망가뜨릴 수 있다는 분석이 나오고 있습니다. 이처럼 북한은 핵무기 개발과 함께 오래전부터 EMP탄 기술을 개발해 왔습니다.

- 6자 회담은 2003년부터 2007년까지 여섯 번 열렸다.
- 6자 회담에서는 '9.19 합의' 등 북한 문제 해결을 위한 의미 있는 성과가 나왔다.
- 한미 양국과 북한은 상대방을 믿지 못하고, 약속을 제대로 지키지 않아 6자 회담이 깨졌다.
- 북한은 2006년 10월 9일 1차 핵실험을 했고, 2017년 9월 3일 6차 핵실험을 했다.
- 북한의 6차 핵실험은 원자 폭탄보다 폭발력이 수십 배에서 수백 배가 큰 수소 폭탄 실험이었다.
- 북한은 모든 전자 장비를 일시에 파괴할 수 있는 EMP탄을 개발했다.
- 북한은 단거리, 중거리 미사일에 이어 ICBM을 개발했다.
- 북한은 ICBM에 소형 핵탄두를 매달아 미국 본토를 핵무기로 공격할 수 있는 기술의 완결 단계에 진입했다.

6

한국의 핵 개발과 주한 미군의 핵무기

1970년대 한국의 박정희 대통령 정부도 핵무기 개발을 추진했다고 해요. 하지만 미국
은 한국이 핵무기를 개발하면 다른 나라들도 따라서 핵무기를 개발할 것을 우려해서
한국의 핵무기 개발을 막았지요. 한국은 핵무기 개발을 할 수 있는 능력은 충분하지
만 한반도 비핵화 실현을 위해 독자적으로 핵무기 개발을 하지 않고 있어요.

1970년대부터 한국 정부는 미국에게만 안보를 의존할 수 없다고 생각했습니다.

박정희 대통령은 국방과학연구소와 무기개발위원회에 주한 미군이 한국에서 나갔을 때 어떻게 한국을 지켜야 할지 연구하도록 지시했어요.

그때 무기개발위원회가 만장일치로 박정희 대통령에게 한국이 핵무기를 개발해야 한다고 건의했어요. 한국은 1972년 프랑스로부터 핵연료재처리 시설을 사려고 시도했습니다. 박정희 대통령은 1975년 6월 12일 기자회견을 통해 미국이 한국에서 전술 핵무기를 빼내면 한국이 스스로 핵무기 개발 능력을 갖춰야 할 것이라고 말했어요. 박정희 대통령은 1975년 6월 25일 미국의 《워싱턴포스트》 신문과의 인터뷰에서 미국이 주한 미군을 철수하면 한국이 핵무기 개발을 포함해 모든 옵션을 검토해야 할 것이라고 강조했어요.

미국은 한국이 핵무기 개발에 관심을 보이는 데 대해 상당히 경계했어요. 미국은 1975년 한국이 프랑스로부터 핵연료재처리 장치를 도입하려던 계획을 무산시키기 위해 압력을 가했어요. 한국은 미국의 요구에 따라 1975년 4월 핵확산금지조약에 정식으로 가입했습니다. 박정희 대통령은 1976년 1월에 핵무기 개발 계획을 일단 포기했어요.

▌ 주한 미군은 대한민국과 미합중국 간의 상호 방위 조약에 의하여 대한민국에 주둔하는 미합
중국 군대를 말한다.

미국에서는 1976년 11월 대통령 선거에서 민주당의 지미 카터가 승리했어
요. 카터는 대통령 선거를 할 때부터 한국에 있는 미군을 **철수**하겠다고 공
약했습니다. 실제로 카터는 대통령에 당선된 뒤 주한 미군 철수를 추진했고,
일부 미군 병력을 철수시켰죠.

박정희 대통령은 1977년 5월부터 미국이 주한 미군 철수 움직임을 보이자
미국에 강력하게 항의했어요. 박정희 대통령은 미국이 한국에 있는 전술 핵
무기를 빼 가면 한국이 핵확산금지조약에 가입했지만 핵무기를 만들 수밖
에 없다고 주장했어요.

그러나 박정희 대통령은 1979년 10월 측근이 쏜 총에 쓰러졌습니다. 그의
뒤를 이은 전두환 정권은 핵무기 개발을 추진하지 않았어요. 그 후 노태우

대통령은 1991년 9월 27일 한국에 한 개의 핵무기도 남겨두지 않겠다고 선언했고, 그해 12월 18일 한국 어디에도 핵무기가 없다고 밝혔습니다. 곧 남북한은 1992년 1월 20일 남북비핵화공동선언을 하기에 이르렀어요.

한국의 핵무기 개발을 막은 미국

미국은 한국의 핵심 우방국이지만 한국이 핵무기 개발을 하지 못하도록 철저하게 감시하고 있어요. 한국이 핵무기를 가지면 북한도 더욱 핵무기 개발에 매달리게 될 것이고, 일본이나 대만 등 동아시아의 다른 나라들도 핵무기 개발에 나서는 '핵 도미노 현상'이 나타날 것이라고 생각했기 때문이지요. 미국은 전술 핵무기를 한국에서 가져가는 대신에 한국이 필요하면 언제든

▎ 이곳은 원자로에서 어느 기간 동안 사용한 후 끄집어 낸 핵연료를 저장하는 공간이다. 즉 원자로의 연료로 사용된 핵연료 물질 또는 기타 방법으로 원자핵분열을 시킨 핵연료 물질을 저장하는 곳이다.

핵무기를 지원해 주는 '**핵우산**'을 한국에 보장해 주겠다고 합니다.

한국과 미국은 1973년 한미원자력협정을 체결했습니다. 이 협정은 한국과 미국이 상대국에서 받은 핵물질과 원자력 장비, 부품 및 원전에서 나오는 사용후핵연료를 어떻게 사용할 것인지 서로 합의한 내용을 담고 있습니다.

미국은 이때 '골드 스탠더드'로 불리는 원칙을 한국이 받아들이도록 했어요. 이 원칙은 미국이 한국 등과 원자력협정 체결을 할 때 우라늄 농축과 사용후핵연료 재처리를 금지하는 것입니다. 미국이 이 두 가지를 하지 못하게 하는 이유는 우라늄 농축을 통해 핵폭탄을 만드는 재료인 고농축 우라늄을 생산하고, 사용후핵연료 재처리를 통해 또 다른 핵폭탄의 원료인 플루토늄을 만들 수 있기 때문입니다.

한국은 원자력 발전소 장비와 기술 등을 미국으로부터 들여오려고, 골드 스탠더드 원칙을 받아들여 한미원자력협정을 맺었어요. 주권 국가로서는 자존심이 상하는 일이지만 그 당시에는 어쩔 수 없이 미국의 요구를 받아들였습니다.

한국은 그 이후 원자력 산업 분야에서 큰 진전을 이룩했지요. 한국은 이에 따라 미국에 원자력협정을 개정하자고 요구했습니다. 한국과 미국은 2010년 10월에 이 협정을 바꾸기 위한 협상을 시작해서 4년 8개월간 줄다리기를 한 끝에, 2015년 6월 15일 한미원자력협정 개정안에 합의했어요.

이렇게 어렵게 개정된 새 협정에서도 한국은 우라늄 농축과 사용후핵연료 재처리 분야에서 여전히 미국의 통제를 받게 됐어요. 한국은 20% 미만의 저농축 우라늄만 농축할 수 있어요.

사용후핵연료 재처리 분야에서는 한국이 개발하고 있는 '파이로프로세싱'

집중탐구 세계의 핵무기 보유 현황

미국은 1945년 7월 세계에서 처음으로 핵실험을 했다. 미국은 이 무시무시한 무기를 혼자 독점하려고 했다. 그러나 핵무기 제조 기술에 관한 정보가 새어 나가고, 다른 나라들도 핵무기 개발 경쟁에 뛰어들었다. 지난 70여 년 동안 지구상에서 모두 2,000번이 넘은 핵실험이 있었다.

스톡홀름국제평화연구기관(SIPRI)이 2017년 7월 발표한 〈전 세계 핵무기 동향〉 보고서에 따르면 지구촌에 존재하는 핵무기는 모두 1만 4,935개가량이다. 핵무기 보유국은 미국, 러시아, 프랑스, 영국, 중국, 인도, 파키스탄, 이스라엘, 북한 등 9개 국가다.

세계에서 가장 많은 핵무기가 있는 나라는 러시아로 약 7천 개가 있다. 그다음이 미국으로 6,800개가량이 있다. 러시아와 미국이 보유한 핵무기가 세계 전체 핵무기의 90% 이상을 차지하고 있다. 다음으로 프랑스 300개, 중국 270개, 영국 215개 등이다. 파키스탄은 140개, 인도는 130개, 이스라엘은 80개, 북한은 60개가량(미국 국방정보국 추정치)이 있다.

핵무기 보유 수와 이것을 실제로 사용하려고 실전 배치한 핵무기 수는 다르다. 실전 배치한 핵무기 수는 러시아 1,910개, 미국 1,800개, 프랑스 290개, 영국 120개 등이고, 나머지 나라들은 공식적으로 실전 배치 핵무기 수를 밝히지 않고 있다.

북한이 핵무기를 개발하고 있지만, 지구 전체로 보면 핵무기의 수는 점점 줄어들고 있다. 1945년부터 1990년까지 지구상에 무려 7만 개의 핵무기가 만들어졌다. 미국과 러시아는 1970년대부터 핵무기 수를 서로 줄이기로 합의했고, 이를 실천에 옮기기도 했다. 그러나 핵무기의 수는 줄어들어도 세계 각국은 핵무기 현대화 작업을 통해 핵무기의 성능을 좋게 만들고 있고, 핵무기를 사용할 수 있는 운반 수단인 미사일 개발 경쟁을 치열하게 벌이고 있다.

이라는 방법을 사용해 사용후핵연료를 재처리할 수 있도록 할지 한국과 미국이 협의를 더 하기로 했습니다.

한국은 또한 1975년에 핵확산금지조약에 가입했어요. 앞에서 밝혔듯이 이 조약에 가입하면 국제원자력기구의 감시를 받으면서 원자력을 평화적인 목적에만 이용하고, 핵무기를 만들지 못합니다.

한국은 미국과의 원자력 협정과 핵확산금지조약 가입이라는 이중 자물쇠에 묶여 있어 마음대로 핵무기를 만들 수가 없어요. 하지만 한국의 과학자들이 2004년 국제원자력기구에 신고하지 않고, 아주 적은 양의 고농축 우라늄과 플루토늄을 만들어 낸 적이 있어요. 이 사건 이후 한국은 더욱 철저하게 국제 사회의 **감시**를 받았습니다.

한국은 핵무기 개발 능력이 있나?

북한은 핵무기 개발에 관심을 갖고 1950년대 후반에 연구를 시작해 2006년에 가서야 처음으로 핵실험을 했어요. 줄잡아 50년 이상의 시간이 걸렸습니다. 한국은 어떨까요? 만약 한국이 핵무기를 만들기로 결심한다면 과연 핵무기를 만들 능력이 있으며 그 시간은 얼마나 걸릴까요? 또 한국이 핵무기를 몇 개가량 만들 수 있을까요?

미국의 유명한 핵 군축학자인 찰스 퍼거슨은 2015년 4월에 미국과학자연맹(FAS)에 한국의 핵 능력에 관한 보고서를 냈습니다. 이 '퍼거슨 보고서'에 따르면 한국이 이미 핵폭탄 제조 능력을 갖추고 있다고 합니다.

이 보고서는 한국이 이미 핵무기를 만드는 데 필요한 핵물질, **핵탄두** 설계, 운반 체계를 확보하고 있거나 쉽게 확보할 수 있다고 평가했어요. 경북 경주 월성에 가압중수로형 원자로 4기가 있는데요. 여기에서 나온 사용후핵연료를 재처리하면 핵무기를 만들 수 있는 플루토늄 26톤을 한국이 얻을 수 있다고 했어요. 이것은 핵무기 4,330개가량을 만들 수 있는 분량입니다.

▌ 한국은 마음만 먹으면 얼마든지 핵무기를 만들 수 있는 능력을 갖추고 있다.

하지만 한국에는 사용후핵연료를 재처리할 수 있는 시설이 없어요. 미국이 이런 시설을 짓지 못하도록 막고 있어요. 한국이 미국과 국제 사회의 반대를 무릅쓰고 재처리 시설 건설을 강행할 경우, 약 6개월 정도면 이 시설을 만들 수 있다고 전문가들이 말했어요.

서균렬 서울대 원자력공학과 교수는 "한국이 마음만 먹으면 6개월 이내에 핵무기를 만들 수 있다."고 주장해요.

한국에 33년 동안 배치됐던 미군의 핵무기

미국은 한국에 전략 핵무기가 아니라 전술 핵무기를 들여왔습니다. 미국은 한국 전쟁이 끝난 뒤인 1958년에 한국에 주둔하고 있던 미 8군 산하의 7사단을 핵전쟁을 할 수 있는 '펜토믹 사단(Pentomic Division)'으로 바꿨어요. 이 부대가 한국에 핵무기를 가지고 왔죠.

미국은 전술 핵무기를 발사하는 어니스트존 로켓 중대와 핵탄두가 달린 미사일인 마타도어 크루즈 미사일을 가지고 있는 비행 중대를 주한 미군에 배치했습니다. 미국은 한국에 **배치**한 전술 핵무기 수를 갈수록 늘려 나갔고, 1960년대 후반에는 한국에 950기가량의 핵무기가 있었습니다. 그러나 1970년대에 들어서면서 미국은 한국에 있는 핵무기의 수를 줄여 나갔어요.

남북한은 그사이에 한반도에 핵무기를 두지 않는다는 한반도 비핵화 선언에 합의했고, 미군은 1991년에 한국에 있는 모든 전술 핵무기를 다 가져갔어요. 이때부터 한국에는 핵무기가 한 기도 남아 있지 않습니다. 미국은 1958년부터 1991년까지 33년 동안 한국에 핵무기를 가져다 놓고 있었어요.

'공포의 균형'을 위한 한국의 선택은?

국가의 안보를 지키는 데 '공포의 균형'이라는 개념이 있어요. 적국이 함부로 공격하지 못하게 하려면 상대국가가 적국에 뒤지지 않는 군사력이 있어야 한다는 것이지요. 섣불리 공격에 나섰다가 상대국의 역공으로 치명상을

▌ 한국이 북한처럼 핵무기를 가져 '공포의 균형'을 이루는 일은 핵 문제 해결에 있어 올바른 해법이라고 할 수 없다. 왜냐하면 다른 이웃 나라들도 서둘러 핵무기를 만들려고 할 것이기 때문이다.

입을 수 있다고 느끼도록 해야만 전쟁이 일어나지 않는다는 뜻입니다.

북한이 핵무기를 가지고 있는데 한국이 핵무기가 없으면 '공포의 균형'이 깨질 수 있습니다. 한국에서 북한에 맞서 독자적으로 핵무장을 해야 한다거나 미군의 전술 핵무기를 다시 한국에 가져와야 한다는 주장이 나오고 있어요. 이것은 모두 '공포의 균형'을 다시 유지해야 한다는 얘기입니다.

그러나 한국의 핵무장과 주한 미군의 전술 핵무기 재배치가 북한 핵 문제의 **해법**이 될 수 없습니다. 한국의 핵무기 개발은 단순히 기술적인 문제가 아니지요. 한국이 핵무기를 만들려면 핵확산금지조약을 탈퇴해야 합니다. 지금까지 이 조약에 가입했다가 탈퇴한 나라는 북한밖에 없어요. 그리고 한반도 **비핵화**는 더욱 멀어지고 맙니다.

또한 한국은 한미원자력협정을 파기해야 합니다. 한국은 이 협정을 통해 핵연료를 군사적인 목적으로 사용하지 않기로 미국과 약속했어요. 한국이 NPT 탈퇴와 한미원자력협정 파기를 강행하면 국제 사회가 한국에 대해 제재를 가할 것입니다.

북한도 핵무기 개발 과정에서 유엔 안보리 등을 통한 강도 높은 제재를 받고 있어요. 북한은 고립된 나라여서 외국과 경제 거래가 많지 않아요. 하지만 한국은 어떻습니까? 한국은 수출로 먹고사는 나라입니다. 그런 한국은 국제 사회의 경제 제재를 견딜 수 없어요.

미국은 어떻게 나올까요? 미국이 아마도 한미 **동맹관계**를 깨고, 주한 미군을 철수하겠다고 협박할지도 몰라요. 주한 미군을 몰아내고, 한국이 스스로 핵무기를 만들어 북한과 핵전쟁을 할 각오로 하는 게 나은 선택일지 잘 생각해 봐야 해요.

집중탐구 **핵 선제 불사용(No First Use) 원칙**

어떠한 무력 충돌이 발생해도 먼저 핵무기로 공격하지 않는다는 원칙이다. 미국의 버락 오바마 정부가 한때 '핵 없는 세상' 비전을 실천하려고 이 원칙을 밝히려 했다. 하지만 오바마 정부는 미국 내부의 반발과 미국 동맹국들의 반대로 인해 실제로 행동에 옮기지 못했다. 중국은 1998년부터 국방백서에 핵 선제 불사용 원칙을 지키겠다고 밝혔다가 2013년 국방백서에서 이 대목을 삭제했다.

한국이 핵무기를 개발하면 지난 1991년 한반도 비핵화 선언 당시로 돌아가 북한이 핵무기를 없애도록 함으로써 핵 없는 한반도를 만들려는 지난 수십 년 동안의 노력이 한순간에 물거품이 됩니다.

한국이 핵무장을 하면 일본과 대만도 핵무기 개발에 나설 것입니다. 그렇게 되면 동북아 지역의 주요 국가들이 핵무기 늘리기 경쟁을 하게 되지요. 핵폭탄은 한 번 터지면 그 피해가 너무 크기 때문에 동북아 지역 국가들이 핵군비 경쟁을 하다가는 엄청난 **재앙**을 불러일으킬 수 있어요.

주한 미군의 전술핵 재배치도 쉽지 않은 일입니다. 우선 미군의 전술 핵무기는 한국의 것이 아니라 미국의 것입니다. 한국이 미국에 가져오라고 한다 해서 미국이 쉽게 그 말을 들어 주지는 않습니다. 미국에서는 한국의 일부 인사들이 주장하는 주한 미군의 전술핵 재배치 요구에 별로 신경을 쓰지 않고 있습니다.

미국은 한국에 전술 핵무기를 굳이 가져다 놓지 않아도 미국에 있는 전략 핵무기로 북한의 핵무기에 대응할 수 있다고 주장하고 있어요. 미국이

생각해 보기

한국이 핵무기를 개발하거나 미국의 핵무기를 한국으로 가져오기 어려운 상황에서 북한은 핵무기로 한국을 위협하고 있어요. 그러므로 한국에서 북한의 핵무기를 머리에 이고, 북한의 핵 인질로 살아갈 수 없다는 주장이 나오고 있어요. 과연 한국은 어떤 선택을 해야 할까요?

가지고 있는 미니트맨3 전략 핵무기는 미국 **본토**에서 한반도에 30분이면 도달해요.

또한 괌 등 미국령에 전략폭격기 B–1B '랜서'를 배치해 놓고, 한반도 주변에 핵무기를 실은 항공모함이나 잠수함을 배치해 놓으면 전술 핵무기를 한국에 두는 것과 비슷한 효과를 낸다고 미국은 판단하고 있습니다.

주한 미군이 전술 핵무기를 한국에 가져오면 북한에 핵무기를 없애라고

찬성과 반대 **'핵무기 없는 세상'은 가능할까?**

찬성 근거

- 모든 나라가 핵무기를 폐기하고, 핵무기를 만들지 않는다는 내용의 협정 체결을 하면 가능하다.
- 핵무기 폐기 및 개발을 감시하는 국제기관에 세계 각국 협력을 의무화해야 한다.
- 미국과 러시아가 핵무기 수를 단계적으로 줄여 나갔던 것과 같은 방법으로, 세계 9대 핵무기 보유국의 단계적 핵무기 줄이기는 가능하다.

반대 근거

- 핵무기 보유국은 핵무기 수를 줄이는 것을 찬성할 수 있으나 이것을 모두 없애는 것은 절대 반대할 것이다.
- 세계 각국이 핵무기 폐기에 합의해도 일부 국가에서 몰래 숨겨둘 가능성이 많다.
- 세계 각국이 비밀리에 핵무기 개발하는 것을 감시하는 것은 현실적으로 불가능하다.

요구할 명분이 없어지는 것도 문제입니다. 어렵지만 한국이 핵무기를 갖지 않은 조건에서 북한에게 핵무기를 없애자고 계속 설득해야 합니다.

간추려 보기

- 한국의 박정희 정부도 1970년대에 핵무기 개발을 추진했었다.
- 미국은 한국이 핵무기를 개발하면 다른 나라도 핵무기를 만드는 '핵 도미노 현상' 등을 우려해 한국의 핵 개발을 막았다.
- 한국은 핵무기를 개발할 수 있는 기술을 지니고 있다.
- 한국은 핵확산금지조약에 가입되어 있고, 한국과 미국이 한미원자력협정을 체결하고 있어 현실적으로 핵무기를 개발하는 것은 불가능하다.
- 미국은 북한의 핵미사일 위협에 한국이 대응할 수 있도록 한미 미사일지침을 개정해 한국이 미사일에 매달 수 있는 탄두의 무게 제한을 없애기로 원칙적으로 합의했다.
- 미국은 한국에 1958년부터 1991년까지 33년 동안 전술 핵무기를 배치해 놓고 있었다.
- 한국이 독자적으로 핵무기를 개발하거나 미국의 전술 핵무기를 다시 들여오는 것은 한반도 비핵화 실현 등을 위해 바람직하지 않다.

용어 설명

가치 중립성 몰가치성. 경험 과학이 객관성을 지니기 위해서는 가치 판단으로부터 분리되어야 한다는 학문적 태도. 독일의 사회학자 베버의 주장으로 이론의 실천적 의도 및 가치 판단의 개입을 엄격하게 거부하였다.

감시 단속하기 위하여 주의 깊게 살핌.

낙관론 인생이나 사물을 밝고 희망적으로 생각하는 견해.

돈세탁 기업의 비자금이나 범죄, 탈세, 뇌물 따위와 관련된 정당하지 못한 돈을 여러 가지 방법으로 정당한 돈처럼 탈바꿈하여 자금 출처의 추적을 어렵게 하는 일.

동맹관계 둘 이상의 개인이나 단체, 또는 국가가 서로의 이익이나 목적을 위하여 동일하게 행동하기로 맹세하여 맺는 약속이나 조직체. 또는 그런 관계를 맺음.

망명 혁명 또는 그 밖의 정치적인 이유로 자기 나라에서 박해를 받고 있거나 박해를 받을 위험이 있는 사람이 이를 피하기 위하여 외국으로 몸을 옮김.

매장량 지하자원 따위가 땅속에 묻혀 있는 분량.

무굴 제국 16세기부터 19세기까지 인도에 있었던 마지막 이슬람 제국. 북인도에 침입한 바부르가 로디 왕조를 무너뜨리고 세운 나라로, 아크바르 황제 때에 제국의 기초를 확립하고 아우랑제브 황제 때 인도 데칸 지방까지 차지하여 전성기를 이루었다. 그러나 그 후 내란과 제후의 자립 따위로 급속히 쇠퇴하면서 1757년에 실질적인 영국 치하에 들어갔으며, 1858년에 영국에 완전히 정복되었다.

방사능 낙진 핵폭발이 일어났을 때 대기권 상층으로 퍼져 잔류하는 방사성 물질을 말한다.

배치(配置) 사람이나 물자 따위를 일정한 자리에 알맞게 나누어 둠.

본토 주가 되는 국토를 섬이나 속국에 상대하여 이르는 말.

비핵화 핵무기가 없어짐. 또는 핵무기를 없게 함.

사찰 핵 물질의 제공국 또는 국제기구의 사찰원(査察員)이 핵 물질 수량의 확인, 주요 원자력 시설의 검사 따위를 이행하는 일. 원자력의 평화 이용을 위한 보장 조처의 하나다.

시오니즘 유대인들의 민족 국가 건설을 위한 민족주의 운동. 세계 각지에 흩어져 있던 유대인들이 그들 조상의 땅인 팔레스타인에 국가를 건설하려는 운동으로, 1948년에 이스라엘이 독립함으로써 실현되었다.

식민지 정치적, 경제적으로 다른 나라에 예속되어 국가로서의 주권을 상실한 나라. 경제적으로는 식민지 본국에 대한 원료 공급지, 상품 시장, 자본 수출지의 기능을 하며, 정치적으로는 종속국이 된다.

아크바르 시대 인도의 다섯 번째 이슬람 왕국인 무굴 제국의 제3대 왕의 시대이다. 아크바르는 13세 어린 나이에 등극했지만 강력한 군사력으로 판도를 부단히 확장하고 제국의 부흥에 디딤돌을 놓았다.

연방 자치권을 가진 다수의 나라가 공통의 정치 이념 아래에서 연합하여 구성하는 국가. 개별 구성국은 자체의 국내법에 따르되, 연방 국가는 국제법상의 외교권을 갖는 단일의 주권 국가이다. 미국, 독일, 스위스 등이 여기에 속한다.

외과 의사 몸 외부의 상처나 내장 기관의 질병을 수술이나 그와 비슷한 방법으로 치료하는 의학 분야를 담당하는 의사.

우라늄 천연으로 존재하는, 가장 무거운 방사성 원소. 은백색을 띠며 14종의 동위 원소가 있는데, 질량수 235는 중성자를 흡수하여 핵분열을 일으킨다. 질량수 235와 233인 우라늄은 핵원료로 사용하며, 질량수 235인 우라늄의 함량을 높인 것을 농축 우라늄이라고 한다. 원자 기호는 U, 원자 번호는 92, 원자량은 238.029.

원자로 원자핵 분열 연쇄 반응의 진행 속도를 인위적으로 제어하여 원자력을 서서히 끌어내는 장치. 우라늄, 플루토늄 따위의 핵분열 물질을 연료로 하고 중성자를 연료의 촉매로 하는 장치이다. 중성자나 감마선 조사(照射)를 목적으로 하는 연구용 원자로와, 발전용이나 선박용 동력을 목적으로 하는 동력로가 있다.

인해전술 우수한 화기보다 다수의 병력을 투입하여 적을 압도하는 전술. 6 · 25 전쟁에서 중국 공산군이 썼던 전법이다.

장사정포 조선인민군 육군이 보유한 장거리 사격이 가능한 화포류를 총칭한다. 구체적으로는 다연장 로켓포(방사포)와 자주포를 말한다.

재앙 뜻하지 아니하게 생긴 불행한 변고. 또는 천재지변으로 인한 불행한 사고.

정찰 위성 대기권 밖의 상공에서 타국의 군사, 정치, 경제에 관한 각종 정보를 수집하는 인공위성. 광학 카메라와 각종 전자 장비를 싣고, 사진 정찰이나 전자 정찰, 해양 정찰 따위를 한다.

제재 법이나 규정을 어겼을 때 국가가 처벌이나 금지 따위를 행함. 또는 그런 일.

조치 벌어지는 사태를 잘 살펴서 필요한 대책을 세워 행함. 또는 그 대책.

주권 국가의 의사를 최종적으로 결정하는 권력. 대내적으로는 최고의 절대적 힘을 가지고, 대외적으로는 자주적 독립성을 가진다.

중유(中油) 콜타르를 분류하여 170~230℃에서 얻는 기름. 크레솔과 나프탈렌의 원료가 된다.

중재자 중재인. 분쟁에 끼어들어 쌍방을 화해시키는 사람.

지령 단체 따위에서 상부로부터 하부 또는 소속원에게 그 활동 방침에 대하여 명령을 내림. 또는 그 명령.

지하 벙커 적의 사격이나 관측으로부터 아군을 보호하기 위하여 땅을 파서 만든 구덩이.

진도 어떤 지역에서 나타나는 지진의 진동 크기나 피해 정도.

차관보 장관과 차관을 보좌하며 각기 전담 사무를 맡아보는 기관. 또는 그 직위에 있는 공무원.

철수 진출하였던 곳에서 시설이나 장비 따위를 거두어 가지고 물러남.

통용 일반적으로 두루 씀.

판문점 경기도 파주시 진서면 군사 분계선에 걸쳐 있는 마을. 1953년 7월 27일에 휴전 협정이 조인(調印)된 곳이며, 북한군의 군사 정전 위원회 회의실, 중립국 감독 위원회 회의실 따위가 있다.

플루토늄 우라늄이 핵변환을 하여 만들어지는 초우라늄 원소의 하나. 은백색의 금속으로 우라늄 원광(原鑛)에 미량이 들어 있다. 반응성이 크고 반감기가 매우 길며 핵연료로써 원자로, 원자 폭탄, 수소 폭탄을 만드는 데 쓰인다. 원자 기호는 Pu, 원자 번호는 94, 원자량은 244.

항공모함 항공기를 싣고 다니면서 뜨고 내리게 할 수 있는 설비를 갖춘 큰 군함.

해법 해내기 어렵거나 곤란한 일을 푸는 방법.

핵우산 핵무기가 없는 나라가 국가의 안전 보장을 위하여 의존하는 핵무기 보유국의 핵전력을 비유적으로 이르는 말.

핵탄두 유도탄 따위에 장비한 핵폭발 장치.

흑연 순수한 탄소로 이루어진 광물의 하나. 탄소 동소체의 하나로, 육방 정계에 속하는 판(板) 모양의 결정을 이루며, 검은색을 띠고 금속광택이 있다. 천연적으로 나는 것은 석탄이 변질하여 탄화도(炭化度)가 높아진 것인데, 인공적으로도 대량으로 제조된다. 전기가 잘 통하고 녹는점이 높아 전극(電極)이나 원자로의 중성자 감속재로 쓰이며 연필심, 감마제 따위로도 쓰인다.

연표

1905년
아인슈타인이 '질량 에너지 등가 법칙'을 발표했다. 이는 특수 상대성 이론에 따른 물리 법칙으로, 질량과 에너지는 상호 변환될 수 있으며, 등가라는 법칙(원리)이다. 원자핵으로의 방사능 에너지나 소립자의 생성, 소멸과 관련된 법칙이다. 이는 핵에너지(핵분열, 핵융합)나 태양 에너지를 이해하는 데 기초가 된다.

1939년
제2차 세계 대전이 발발하였다.

1942년
미국에서 '맨해튼 계획'이 실행되었다. '맨해튼 계획'이란 제2차 세계 대전 당시, 미국 정부에서 주도하고, 영국, 캐나다가 함께한 비밀 프로젝트다. 이 프로젝트를 통해 미국은 인류 최초로 핵무기를 만들어 냈다. 이 프로젝트의 총책임자가 바로 '오펜하이머'다.

1945년
7월 16일. 미국 뉴멕시코주 알모고르도 사막에서 세계 최초로 원자 폭탄 실험이 이루어졌다.

1945년
미국이 일본의 히로시마, 나가사키 지역에 원자 폭탄을 투하했다. 8월 6일 히로시마 상공에 투하한 폭탄은 '리틀보이(Little Boy)'이고, 8월 9일 나가사키에 투하한 핵폭탄은 '팻맨(Fat Man)'이었다.

1945년	8월 15일. 포츠담 선언에 따라 히로히토 일본 천황이 전쟁의 항복을 선언했다.
1946년	7월 1일. 미국의 비키니 환초로 알려진 태평양의 마셜 제도 해역에서 세계 최초로 '원자 폭탄 투하 공개 핵실험'이 벌어졌다.
1949년	옛 소련이 첫 번째 핵실험에 성공했다.
1950년	6월 25일. 한국 전쟁이 일어났다.
1952년	미국의 도움으로 영국이 첫 번째 핵실험을 마쳤다.
1954년	미국이 수소 폭탄 실험에 성공했다. 이 수소 폭탄은 '미니 태양'으로도 불렸다.
1954년	북한은 인민군을 다시 편성하면서 인민군 내에 '핵무기 방위 부문'을 설치했다.
1955년	영국 런던에서 버트런드 러셀이 '핵무기 없는 세계와 분쟁의 평화적 해결을 호소하는 선언문'을 발표했다. 이 선언문에 아인슈타인을 비롯한 유명 과학자들이 지지하는 사인을 했다.

1957년	10개국 22명의 과학자들이 캐나다 퍼그워시에서 반핵평화단체인 '퍼그워시 회의'를 열었다. 이들 과학자들은 방사능 낙진의 위험과 핵실험이 미치는 영향에 대해 경고하고, 2년 전 선언과 마찬가지로 각국 정부에 핵 감축과 군비 제한을 요청했다.
1960년	프랑스가 첫 번째 핵실험에 성공했다.
1968년	핵확산금지조약(NPT)이 만들어져 세계 각국에서 서명 및 비준 작업이 시작되었다.
1970년	NPT가 법적으로 효력을 발생하기 시작했다.
1974년	'미소 짓는 부처'라는 암호명으로, 인도 라자스탄 사막에서 인도의 첫 번째 핵실험이 이루어졌다.
1975년	한국이 NPT에 가입했다.
1985년	북한이 NPT에 가입했다.
1993년	3월 12일. 북한이 NPT를 탈퇴했다.
1995년	퍼그워시 회의는 반전, 반핵 운동을 전개한 공로로 노벨 평화상을 받았다.
1996년	핵무기를 갖고 있던 우크라이나, 벨라루스, 카자흐스탄 등 러시아

에서 독립한 국가들이 핵무기를 모
두 러시아에 넘기고 NPT에 가입했다.

1998년 파키스탄이 NPT 체제를 벗어나 첫 번째로
핵실험을 했다.

2001년 9월 11일. 미국 뉴욕에서 911 테러 사건이 발생했다.

2003년 1월 10일. 북한이 NPT 탈퇴를 선언했다. 북한은 그 다음 날인 1월 11일부
터 효력이 발생한다고 주장했다.

2009년 프라하에서 미국과 러시아 사이에 핵감축에 동의하는 조약을 맺었다.
이를 바탕으로 미국의 오바마 대통령은 핵 안보 정상회의를 제안하여
핵물질 및 핵무기의 감축에 대해서 2년마다 논의를 하고 있다.

2017년 7월 4일, 7월 28일. 북한이 ICBM 발사 시험에 성공했다.

2017년 7월 7일. UN에서 핵무기 금지조약이 채택되었다. 이전의 핵 확산을 금
지하자는 내용의 핵확산금지조약의 범주 이상으로, 핵무기의 사용, 보
유, 생산, 실험, 배치, 운송 등을 완전히 금지하자는 내용의 조약이다.

2017년 9월 3일. 북한이 6차 핵실험을 감행했다.

더 알아보기

통일부 unikorea.go.kr

통일부는 4.19 혁명 이후 사회 각계에서 활발하게 전개된 통일 논의를 수렴하고, 정부 차원에서 체계적, 제도적으로 통일 문제를 다루기 위해 1969년 3월 1일에 설립되었다. 이는 분단국의 특성을 반영하여 통일 업무를 전담하는 중앙행정기관을 창설했다는 역사적 의미가 있다. 통일부는 통일 및 남북대화·교류·협력·인도지원 등에 관한 정책의 수립, 북한 정세 분석, 통일교육·홍보, 그 밖에 통일에 관한 사무를 관장한다.

통일부 북한 자료센터 unibook.unikorea.go.kr

1988년 7월 7일 정부의 7.7선언에 따른 통일 논의 활성화에 기여하고자 이전에 엄격히 제한해 오던 북한 자료를 국민 일반에게 공개하고 누구나 쉽고 편리하게 이용할 수 있는 대국민 서비스 창구 역할을 수행하고자 통일부에서는 1989년 5월 22일 북한 자료센터를 개설했다. 이곳은 일반 국민은 물론 국내외의 북한 및 통일 문제 연구자에게 북한 관련 정보 자료를 제공할 목적으로 만들어졌다.

통일연구원 kinu.or.kr

1980년대 이후 구소련의 해체와 동구권의 붕괴 등 국제 정세의 급변에 따라 우리의 통일 환경도 변화했다. 정부는 사회주의권과의 교류 확대와 남북한 통일 외교를 적극 추진하게 되었다. 또한 국민들의 바람직한 민족 통일관 정착을 위한 프로그램 마련의 필요성이 증대되었으며, 통일 논의의 확산과 체계적, 전문적 종합연구기관의 필요성이 증대했다. 이와 같은 필요에 부응하여 민족통일연구원법(법률제 424호)에 의거하여 1991년 4월 9일 민족통일연구원이 개원하였다.

북한연구소 nkorea.or.kr

1970년대에 들어서면서 미소 간에 평화공존이 모색되는 등 한반도 주변 정세에 급격한 변화가 일어났다. 북한연구소는 "통일의 지혜 통일 문화의 창조"라는 슬로건을 바탕으로 1971년에 창설되었다. 본 연구소는 북한의 요소별 사항을 학술적으로 연구 수집 조사하여 국내외 연구기관에 자료를 제공하고 대국민 홍보를 통하여 민족국가 성취를 위한 통일문화진흥운동을 국내외에 전개하여 자유민주통일의 기반 구축에 기여함을 목적으로 한다.

경남대학교 극동문제연구소 ifes.kyungnam.ac.kr

극동문제연구소는 남북한, 통일, 국제 정세에 관한 연구 자료의 수집과 분석, 국내외 학술회의 및 세미나 개최 등을 목적으로 설치하였다. 정기간행물의 출판, 연구소의 목적에 부응하는 신진학자 연구과제 공모, 남북경협 전문가 양성을 위한 통일경제아카데미, 경남대학교 재학생을 위한 단기연수교육 실시, 해외학자와의 교류를 촉진시키기 위한 해외학자 초빙연구 프로그램, 석박사 학위를 준비하는 학생들을 위한 인턴십 등을 진행하고 있다.

38north.org

미국 존스홉킨스대 국제대학원 산하 '한미연구소(US-Korea Institute at Johns Hopkins SAIS)' 운영 북한 전문 웹사이트

beyondparallel.csis.org

미국 '전략국제문제연구소'(CSIS) 산하 '38선을 넘어(Beyond Parallel)' 웹사이트

rfa.org/korean

미국 의회가 출자해 운영하는 '자유아시아방송(RFA)' 한국어 웹사이트

voakorea.com

미국 정부가 운영하는 '미국의 소리(VOA)' 방송 한국어 웹사이트

nti.org

핵무기의 위협으로부터 환경, 삶의 질, 미래 세대를 보호하려는 민간 단체인 NTI (Nuclear Threat Initiative)의 웹사이트

찾아보기

ㄱ

강대국 29, 30, 57
국민 소득 88
기상청 85

ㄴ

냉전 30, 44, 57

ㄷ

대륙간탄도미사일 8, 79,
　86, 92, 93, 94

ㅁ

망명 13
맥아더 47, 51, 53, 54, 55,
　60
미니 태양 22, 23

ㅂ

방사능 낙진 16, 19
빌 클린턴 72

ㅅ

소련 연방 34

ㅇ

알카에다 77
에놀라 게이 6, 49
영변 83
이스라엘 101, 105
인도 23, 27, 33, 35~45
　85, 86, 101, 105
인해전술 51

ㅈ

제네바합의 33, 64, 65, 67,
　73, 77, 78, 81
주한 미군 95, 97, 98, 99,
　104, 106, 107, 108, 109
중장거리미사일 8

ㅌ

트루먼 25, 30, 47, 52, 53,
　54, 55, 60

ㅍ

판도라 11
팔레스타인해방기구 41, 42
프로메테우스 14, 18, 19
플루토늄 20~23, 57, 59,
　63~78, 100, 102, 103

ㅎ

한국 전쟁 47, 49~60, 67,
　72, 104
핵겨울 16, 17
핵분열 20, 21, 22, 23, 26,
　99

내인생의책은 한 권의 책을 만들 때마다
우리 아이들이 나중에 자라 이 책이 '내 인생의 책'이라고 말할 수 있는 책을 만들고자 합니다.

세상에 대하여 우리가 더 잘 알아야 할 교양
(53) **핵전쟁** 어떻게 막아야 할까?

국기연 지음

초판 인쇄일 2017년 12월 22일 | 초판 발행일 2018년 1월 9일
펴낸이 조기룡 | 펴낸곳 내인생의책 | 등록번호 제10-2315호
주소 서울시 마포구 독막로 37
전화 (02) 335-0449, 335-0445(편집) | 팩스 (02) 6499-1165

ISBN 979-11-5723-361-8 (44300)
      978-89-97980-77-2 (세트)

책값은 뒤표지에 있습니다. 잘못된 책은 구입처에서 바꾸어 드립니다.

이 도서의 국립중앙도서관 출판시도서목록(CIP)은 e-CIP 홈페이지(http://www.ml.go.kr/ecip)에서 이용하실 수 있습니다.
(CIP제어번호: 2017034318)

내인생의책에서는 참신한 발상, 따뜻한 시선을 가진 원고를 기다리고 있습니다. 원고는 내인생의책
전자우편이나 홈카페를 이용해 보내 주세요. 여러분의 소중한 경험과 지식을 나누세요.

전자우편 bookinmylife@naver.com | **홈카페** http://cafe.naver.com/thebookinmylife

어린이제품안전특별법에 의한 제품 표시

제조자명 내인생의책 | **제조년월** 2017년 12월 | **제조국** 대한민국 | **사용연령** 5세 이상 어린이 제품
주소 및 연락처 서울시 마포구 독막로 37 (02) 335-0449 | **담당 편집자** 박호진

세더잘 52
가짜 뉴스 처벌만으로 해결이 될까?
금준경 지음

날로 큰 피해를 가져오는 가짜 뉴스, 반드시 처벌해야 한다.
Vs. 가짜 뉴스라고 무조건 처벌하면 표현의 자유를 해칠 수도 있다.

인류 역사의 시작부터 존재했다는 가짜 뉴스의 기록을 찾아보고 그것이 어떻게 퍼져
나갔는지, 그것을 생산하는 사람은 누구이며 어떤 목적을 가졌는지에 대해 사례 분석
을 통해 꼼꼼히 알아봅니다. 가짜 뉴스에 대한 세계 각국의 대처 및 미디어 리터러시
교육에 대한 담론까지 망라합니다. 마지막으로 언론의 역할 그리고 우리가 언론에 대
해 가져야 할 자세에 대해 체계적으로 정리해놓았습니다.

세더잘 51
동물원 좋은 동물원은 있을까?
전채은 지음

동물원은 동물을 위한 곳이다. 부작용은 받아들여야 한다.
Vs. 현재의 동물원은 인간의 이득을 위한 기관으로 변질되어 있다.

동물이 행복하지 못한데 그들을 바라보는 인간이 온전한 행복을 누릴 수 있을까? 동물원은 사람만의 공간이
아니다. 동물 종 보전과 동물 복지를 추구하는 기관이기도 하다. 과연 진정한 의미에서 '좋은 동물원'이란 무
엇일까?

세더잘 50
젠트리피케이션 무엇이 문제일까?
정원오 지음

저소득층에도 삶을 개선할 경제적 기회를 부여하며, 도시가 활성화된다.
Vs. 도시에 대한 권리 침해이며, 지역의 경제 및 문화 생태계를 파괴한다.

젠트리피케이션은 지역 경제를 좀먹고 삶의 질을 해친다고들 한다. 반면 소득 재분배에 긍정적인 효과를 주
며 경제 활성화를 유도한다는 주장도 있다. 시대의 변화에 따라 변화를 보는 관점은 다양할 수밖에 없다. 우
리는 우리가 사는 도시를 어떻게 바라봐야 할까?

세더잘 49
아프리카 원조 어떻게 해야 지속가능해질까?
위문숙 지음

아프리카 원조는 아프리카를 위한 것이다.
Vs. 현재의 원조는 강대국의 배만 불릴 뿐이다.

어려움에 처한 아프리카를 도와야 하는 것은 당연한 일입니다. 하지만 그 방법이 오히려 강대국의 부만 늘려
주고 있다면 어떨까요? 천문학적인 금액이 투입되어도 3,000원의 치료제가 없어 죽어가는 아이들이 생기는
건 어째서일까요?

세더잘 48

인플레이션 양적 완화가 우리를 살릴까?

홍준희 지음

인플레이션 10% Vs. 세금 10%
어느 쪽이 우리에게 더 유리할까요?

돈을 더 찍어서 시중에 푸는 정책과 세금을 더 거두어들이는 정책. 사람들은 당연히 첫 번째 정책을 선택합니다. 하지만 돈을 더 찍어내면 그만큼 물가가 올라 거둘 수 있는 세금 역시 늘어나고 말지요. 그렇다면 세금을 더 거두는 정책이 좋은 정책일까요? 이 책은 양적 완화와 인플레이션을 중심으로 우리가 경제에 관해 알고 있던 상식을 다시 한 번 생각해 보게 합니다.

세더잘 47

저작권 카피라이트냐? 카피레프트냐?

김기태 지음

저작권은 반드시 법으로 보호해야 한다.
Vs. 일정한 요건을 갖춘 경우에는 저작권자의 허락이 없더라도
저작물을 이용할 수 있도록 해야 한다.

저작권의 역사와 종류, 저작권으로 보호받는 저작물은 어떤 것들인지, 저작권의 자유 이용을 허용하는 CCL, 어떻게 저작권을 이용해야 하는지 인터넷 세대인 아동청소년들이 꼭 알아야 할 저작권에 대한 모든 지식을 알려 줍니다.

세더잘 46

청소년 노동 정당하게 일할 권리 어떻게 찾을까?

홍준희 지음 | 하종강 감수

청소년 보호를 위해 청소년 노동을 제한해야 한다.
Vs. 청소년의 노동 권리를 인정하고 안전하게 일할 수 있는
노동 현장을 제공하는 데 노력해야 한다.

최근 100여 년간 인류의 식량 생산량은 꾸준히 늘어났지만 세계 곳곳에서 기아에 시달리는 사람은 여전히 넘쳐납니다. 이 책에서는 기아의 원인과 현실 그리고 기아 퇴치를 위한 갖가지 방법을 풍부한 사례와 함께 다루고 있습니다.

세더잘 45

플라스틱 오염 재활용이 해답일까?

제오프 나이트 지음 | 한진여 옮김 | 윤순진 감수

친환경 플라스틱과 재활용으로도 충분히 플라스틱 오염을 막을 수 있다.
Vs. 플라스틱 오염의 근본적 대책은 플라스틱 사용을 금지하는 것이다.

플라스틱 탄생의 역사에서부터 플라스틱 생성 원리, 플라스틱 오염을 막기 위한 현실적인 대안들에 이르기까지 플라스틱을 둘러싼 역사적, 과학적, 사회적 주제들을 빠짐없이 다루고 있습니다.

세더잘 44

글로벌 경제 나에게 좋은 걸까?

리처드 스필베리 글 | 한진여 옮김 | 강수돌 감수

글로벌 경제는 인류의 삶에 풍요를 가져왔다.
vs 글로벌 경제는 빈부 격차를 확대하고 환경을 파괴할 뿐이다.

글로벌 경제란 국가 간 무역량이 늘어나면서 나라와 나라 사이의 경제 활동이 더 자유로워지고 상호 의존도가 높아지는 경제를 말합니다. 글로벌 경제는 그동안 인류의 삶을 풍요롭게 하는 데 큰 역할을 했지만 한편으로는 환경 파괴나 노동 소외 등의 문제를 불러 일으켰습니다. 과연 글로벌 경제는 나의 삶에 좋은 것일까요?

세더잘 43

제노사이드 집단 학살은 왜 반복될까?

마크 프리드먼 글 | 한진여 옮김 | 홍순권 감수

제노사이드는 정치 권력자의 범죄이므로 이들을 확실하게 처벌하면 재발을 막을 수 있다
vs 제노사이드는 국제사회(UN)와 개인들이 힘을 모아야 근절시킬 수 있다

인류 역사에는 한 민족이 다른 민족을 집단으로 학살하는 비극이 지속적으로 발생해 왔습니다. 아르메니아 대학살부터 아우슈비츠 학살까지 역사는 되풀이됩니다. 과연 제노사이드는 어떻게 막을 수 있을까요? 주동자를 처벌하면 될까요? 국제 사회의 노력이 필요할까요?

세더잘 42

다문화 우리는 단일민족일까?

박기현 글 | 변종임 감수

우리는 단일민족이기 때문에 다문화 사회로의 전환이 원칙적으로 어렵다
vs 우리는 원래 다문화 사회였기 때문에 행복한 다문화 사회를 만들 수 있다

최근 한국 사회에도 다문화 가정이 많이 늘어나는 추세입니다. 하지만 여전히 다른 인종과 다른 민족에 대한 편견과 차별이 존재하고 있는 것이 현실이지요? 과연 한국은 다문화 사회로의 성공적인 전환이 가능할까요?

세더잘 41

빅데이터 빅브러더가 아닐까?

질리 헌트 글 | 이현정 옮김 | 최진 감수

빅데이터는 새 시대를 열어 줄 신기술이므로 적극적으로 활용할 제도를 구축해야 한다.
vs 개인 정보 유출 등의 빅브러더 문제를 막으려면 데이터 활용을 적절히 규제해야 한다.

식품 산업에서부터 스포츠 경기에 이르기까지 빅데이터 기술을 활용한 시장 분석은 인류 생활에 큰 변화를 가져왔지요. 그런데 정보를 수집하는 빅데이터 기술의 특성상 개인 정보의 침해라는 인권 문제도 함께 제기되고 있어요. 과연 신기술은 어디까지 허용돼야 할까요?

세더잘 40
산업형 농업 식량 문제의 해결책이 될까?
김종덕 글

산업형 농업은 인류의 식량난을 해결한 획기적이고 효율적인 농업 방식이다.
vs 환경 오염이 심해지고 우리의 건강이 위협받고 있어 다른 대안을 찾을 때다.

인구 증가가 가속화되면서 인류는 식량 문제에 직면했고, 그 해결책으로 마치 공장에서 찍어내듯 대량으로 농작물을 경작하는 산업형 농업이 등장했습니다. 산업형 농업은 인류의 굶주림을 어느 정도 해결해 주었지만, 환경오염이라는 다른 문제점을 낳았습니다. 과연 인류는 산업형 농업 외에 다른 대안을 찾아야 할까요?

세더잘 39
기아 왜 멈출 수 없을까?
앤드루 랭글리 글 | 이지민 옮김 | 마이클 마스트란드리 · 김종덕 감수

식량 생산량 증가를 통해 기아 문제를 해결할 수 있다.
vs 부패한 정치와 거대 자본에 휘둘리지 않는 공정한 분배를 실현해야 한다.

지금도 세계 도처에서는 8억 명이 넘는 사람들이 하루하루 끼니를 근심하며 살아가고 있습니다. 기아는 인간의 존엄을 뒤흔드는 심각한 문제입니다. 가난과 함께 대물림된다는 점에서 더욱 큰 문제이지요. 우리가 어느 누구도 굶어 죽는 일 없는 미래를 찾아 낼 수 있을까요? 어떻게 하면 기아가 기아를 부르는 악순환을 끊을 수 있을까요?

세더잘 38
슈퍼박테리아 과학으로 해결할 수 있을까?
존 디콘실리오 글 | 최가영 옮김 | 송미옥 감수

항생제 사용 제한이 가장 강력한 슈퍼박테리아 퇴치 방안이다.
vs획기적 새 항생제 개발만이 슈퍼박테리아를 퇴치할 수 있다.

인류에게 새로운 공포의 대상으로 떠오르는 슈퍼박테리아는 항생제에 내성이 생겨 쉽사리 죽지 않는 변종 박테리아입니다. 슈퍼박테리아의 위협에서 벗어나기 위해서는 이제부터라도 항생제 사용을 줄여야 한다는 의견부터 슈퍼박테리아를 퇴치할 수 있는 새로운 항생제 개발에 노력을 기울여야 한다는 의견까지 여러 주장이 팽팽히 맞서고 있습니다. 슈퍼박테리아 감염으로부터 우리 자신을 지키는 가장 적절한 해결책은 무엇일까요?

세더잘 37
스포츠 윤리 승리 지상주의의 타개책일까?
로리 하일 글 | 이현정 옮김 | 김도균 감수

스포츠의 궁극적인 목적은 경쟁에서 우위를 점하고 승리를 거두는 것이다.
vs 승리도 중요하지만 스포츠의 본질을 해쳐서는 안 된다.

운동선수 중에는 승리에 대한 집착이 심해진 나머지 규정을 어기면서 편법을 사용하고 심지어 금지 약물까지 복용하는 이들이 있습니다. 지나친 승리 지상주의에 빠진 결과지요. 그렇다면 승리 지상주의에서 벗어나 진정한 스포츠 정신을 지키기 위해 어떻게 해야 할까요? 스포츠 윤리가 그 해답이 될 수 있을까요?

디베이트 월드 이슈 시리즈

세상에 대하여 우리가 더 잘 알아야 할 교양

전국사회교사모임 선생님들이 번역 및 창작한 신개념 아동·청소년 인문교양서!

《디베이트 월드 이슈 시리즈 세더잘》은 우리 아이들에게 편견에 둘러싸인 세계 흐름에서 벗어나 보다 더 적확한 정보와 지식을 제공합니다. 모두가 'A는 B이다.'라고 믿는 사실이, 'A는 B만이 아니라, C나 D일 수도 있다.'라는 것을 알려 주면서 아이들이 또 다른 진실을 발견하도록 안내합니다.

★ 전국사회교사모임 추천도서 ★ 문화체육관광부 우수교양도서 ★ 한국간행물윤리위원회 청소년 권장도서 ★ 서울시교육청 추천도서
★ 보건복지부 우수건강도서 ★ 아침독서 추천도서 ★ 대교눈높이창의독서 선정도서 ★ 학교도서관저널 추천도서

① 공정무역 ② 테러 ③ 중국 ④ 이주 ⑤ 비만 ⑥ 자본주의 ⑦ 에너지 위기 ⑧ 미디어의 힘 ⑨ 자연재해 ⑩ 성형 수술 ⑪ 사형제도 ⑫ 군사 개입 ⑬ 동물실험 ⑭ 관광산업 ⑮ 인권 ⑯ 소셜 네트워크 ⑰ 프라이버시와 감시 ⑱ 낙태 ⑲ 유전 공학 ⑳ 피임 ㉑ 안락사 ㉒ 줄기세포 ㉓ 국가 정보 공개 ㉔ 국제 관계 ㉕ 적정기술 ㉖ 엔터테인먼트 산업 ㉗ 음식문맹 ㉘ 정치 제도 ㉙ 리더 ㉚ 맞춤아기 ㉛ 투표와 선거 ㉜ 광고 ㉝ 해양석유시추 ㉞ 사이버 폭력 ㉟ 폭력 범죄 ㊱ 스포츠 자본 ㊲ 스포츠 윤리 ㊳ 슈퍼박테리아 ㊴ 기아 ㊵ 산업형 농업 ㊶ 빅데이터 ㊷ 다문화 ㊸ 제노사이드 ㊹ 글로벌 경제 ㊺ 플라스틱 오염 ㊻ 청소년 노동 ㊼ 저작권 ㊽ 인플레이션 ㊾ 아프리카 원조 ㊿ 젠트리피케이션 (51) 동물원 (52) 가짜 뉴스